Station Balnéaire de Fort-de-l'Eau

FORT-DE-L'EAU

Station Balnéaire Maritime d'Été

VILLAS A BON MARCHÉ

« Venez ici, nations, venez travailleurs fatigués, venez jeunes femmes épuisées, enfants punis des vices de vos pères — approchez pâle humanité — et dites-moi tout franchement, en présence de la mer, ce qu'il faudrait pous relever. Ce principe réparateur, quel qu'il soit, il se trouve en elle.

J. Michelet.

ALGER

IMPRIMERIE DE LA « REVUE ALGÉRIENNE »

Rue de Constantine, 30

—

1895

Station Balnéaire de Fort-de-l'Eau

FORT-DE-L'EAU

Station Balnéaire Maritime d'Eté

VILLAS A BON MARCHÉ

> « Venez ici, nations, venez travailleurs fatigués, venez jeunes femmes épuisées, enfants punis des vices de vos pères — approchez pâle humanité — et dites-moi tout franchement, en présence de la mer, ce qu'il faudrait pour vous relever. Ce principe réparateur, quel qu'il soit, il se trouve en elle.
>
> J. Michelet.

ALGER

IMPRIMERIE DE LA « REVUE ALGÉRIENNE »

Rue de Constantine, 30

1895

FORT-DE-L'EAU

Station Balnéaire Maritime d'Été

LES VILLAS A BON MARCHÉ

UJOURD'HUI, la vogue est de plus en plus aux bains de mer et à la villégiature maritime ; la mode, d'accord en cela avec les prescriptions salutaires de l'hygiène, leur ayant donné la consécration suprême.

L'air marin, en effet, jouit de propriétés spéciales qu'il doit à l'absence de poussières, au sel qu'il charrie. à l'ozone qu'il porte avec lui.

Aussi, sans même prendre aucun bain, un séjour à la mer est reconstituant et agit sur l'organisme entier pour le réveiller, l'exciter et le placer dans des conditions spéciales de vitalité.

Cependant, alors que, dans tous les pays civilisés, on se jette dans les flots à propos de rien, l'usage des bains de mer n'est pas entré dans les habitudes de la population algérienne où les individus, débilités par le climat ou la fièvre paludéenne, sont pourtant si nombreux.

Ici, en effet, plus que partout ailleurs, l'usage bienfaisant des bains de mer aurait sa raison d'être, tous les médecins reconnaissant qu'il n'est pas de médication reconstituante plus énergique et possédant autant d'éléments propres à relever les forces.

A quoi cela tient-il ? Très certainement à ce qu'il n'existe sur aucun point du littoral, de localité organisée en station balnéaire, où l'on trouve, avec le confort et les agréments de la vie matérielle dans les grandes villes, tous les avantages hygiéniques d'un séjour à la campagne et le bain d'air marin dans toute sa pureté : Le plaisir et la santé réunis.

Considérable est, dans nos trois provinces algériennes, le nombre des personnes anémiées par les fortes chaleurs ou la cachexie paludéenne auxquelles un traitement hydrothérapique, au bord de la mer, rendrait la santé et la vie, et qui n'y peuvent recourir, un voyage en France étant pour eux une trop lourde charge ; bien plus nombreux encore sont ceux qui, sans y être contraints par une raison de santé, prendraient volontiers quelques mois d'une villégiature agréable au bord de la mer et qui s'en privent, faute d'une station balnéaire en Algérie, pour raison d'économie ou parce qu'ils ne peuvent, pendant aussi longtemps, abandonner complètement leurs affaires.

Pour les uns comme pour les autres, la création d'une station balnéaire à proximité d'Alger serait un véritable bienfait.

Cette création s'impose.

Parmi tous les points du littoral algérien qui peuvent, avec juste raison, attirer les baigneurs, Fort-de-l'Eau se présente d'une façon spéciale par sa situation topographique, avec toutes les conditions requises.

Exposé au soleil et au vent de mer, tout en étant abrité en partie par le Cap-Matifou contre la trop grande violence de ceux du Nord-Est et par une chaîne de collines contre le siroco et ceux du Sud, abondamment pourvu d'une eau excellente, bâti sur un sol rocheux et toujours sec, percé de rues larges de vingt mètres, aux maisons blanches d'une propreté méticuleuse, Fort-de-l'Eau jouit d'une réputation méritée de salubrité exceptionnelle.

Sa plage, encadrée de rochers où foisonnent oursins et crevettes, est formée de ce sable fin et moëlleux comme un tapis que la mer pousse incessamment à la rive, tout imprégné d'odeur marine et chargé de sel. En pente doucement inclinée, elle permet au baigneur de prendre fort loin, et en toute sécurité, ses ébats dans une eau propre et limpide.

La brise de mer, qui souffle régulièrement de huit heures du matin à six heures du soir, purifie et rafraîchit l'atmosphère.

Aussi, la température qui dépasse rarement 28° est toujours inférieure de quatre à cinq degrés à celle d'Alger et, pendant les journées les plus pénibles de l'été, la chaleur n'y est jamais intolérable et le corps toujours sec.

Ces particularités sont bien connues dans les environs et chaque année, au moment des fortes chaleurs, quand ils sont abattus par l'air dilaté et surchauffé des villes et de l'intérieur, des valétudinaires, de plus en plus nombreux, y viennent retremper leur constitution épuisée par la fièvre et y chercher à la fois l'appétit et les forces.

Fort-de-l'Eau est déjà visité spontanément par de nombreux baigneurs et réunit toutes les conditions naturelles propres à la création d'une station balnéaire.

Quand, aux environs de 1840, Alphonse Karr et le peintre Mozin s'éprirent d'admiration pour la plage de Trouville, ce n'était qu'un village de pêcheurs ignoré de tous ; en 1860 on y comptait déjà, pendant la saison, plus de 30,000 baigneurs.

Sans prédire à Fort-de-l'Eau une pareille fortune, Alger n'étant pas Paris, ce grand approvisionneur d'anémiques et de désœuvrés, toujours en quête de distractions nouvelles, nous pouvons affirmer avec certitude qu'un brillant avenir lui est réservé.

Par sa proximité d'Alger, par son climat tempéré et sa réputation bien établie de salubrité, il attirera de plus en plus tous ceux à qui leur aisance ou leur fortune permet un repos agréable, après les agitations de la vie des affaires.

Quand des hôtels élégants et des habitations confortables auront remplacé nos modestes et trop petites auberges, les familles qui ont déjà pris l'habitude d'amener, pendant les vacances, leurs enfants, débilités par l'air vicié de la ville, reprendre des forces en courant sans danger sur le sable et respirant l'air vivifiant de la mer, y reviendront de plus en plus nombreuses.

Parmi ceux qui vont à la mer, les uns cherchent une plage déserte, les autres, en plus grand nombre, veulent le plaisir et la santé réunis.

Ils quittent le monde du travail et recherchent, pour la

saison, celui où l'on s'amuse ; ils viennent demander, à une plage fréquentée, santé et distraction.

La plage de Fort-de-l'Eau deviendra très certainement, dans quelques années, aussi fréquentée que celles de France, et retiendra sur le sol de l'Algérie bon nombre de ceux de ses enfants qui, chaque année, le désertent pendant l'été, pour aller chercher au-delà des mers ce que dorénavant ils trouveront ici : les plaisirs et la santé.

Un pointage minutieux nous a démontré que vingt-cinq mille personnes environ quittaient toutes les années notre département ; les deux tiers fuient la chaleur, on peut évaluer sans témérité, que ces dix-huit mille personnes dépensent de neuf à dix millions. Il faut ajouter à ce chiffre cinq ou six millions d'achats faits en dehors du département, et nous constaterons que notre commerce perd toutes les années de quinze à seize millions.

Une grande partie de ceux qui fuient la chaleur, resterait si elle trouvait une station balnéaire lui permettant de passer des vacances agréablement.

Nous inspirant de l'intérêt du commerce algérien, et pour retenir sur nos plages nos compatriotes, nous avons fait, d'accord avec la municipalité de Fort-de-l'Eau, une Station Balnéaire avec Casino où seront prévues les distractions qui seront à la portée de tout le monde.

LES TERRAINS A VENDRE

Il y a là, pour la population d'Alger et des environs, une occasion unique de se procurer, à peu de frais, des habitations d'été dans une situation exceptionnellement agréable, où les commerçants et les gens d'administration, pâlissant toute l'année sur leurs comptes et leurs grimoires, pourront envoyer leurs femmes et leurs enfants humer l'air salin et venir eux-mêmes, du samedi au lundi. retrouver les joies de la famille et se retremper dans le flot réparateur, sans négliger leurs affaires.

LES VILLAS A BON MARCHÉ

Dans l'époque difficile que traverse, en tous les pays civilisés, l'organisation sociale, un des meilleurs moyens d'apaisement et de moralisation qui se soient présentés à l'esprit des philanthropes, c'est la création des habitations à bon marché.

Donner au travailleur de toute catégorie la réalisation de son touchant et juste rêve : « une famille, un foyer », n'est-ce pas un but louable et méritoire ?

Avoir une maison de campagne à soi, bien plus, jouir, par anticipation, de la juste récompense du labeur quotidien !

Pour résoudre ce problème, d'une importance capitale au point de vue philanthropique et social, nous avons créé un grand nombre de types de villas que nous vendrons à prix de revient, payable un cinquième au comptant, le reste en dix ans avec 5 $^{e}/_{o}$ d'intérêt, avec la facilité de pouvoir amortir sa dette par anticipation et par billet de cent francs.

Le cinquième est payable de la façon suivante : un dixième de la valeur de l'immeuble le jour de la commande, et l'autre dixième, le jour où l'on prend possession de la propriété.

L'acquéreur jouira, non seulement d'*un chez soi* au bord de la mer, mais fera encore un excellent placement, bien supérieur à une assurance sur la vie, grâce à la plus-value considérable que prendra, dans quelques années, sa propriété, quand tous les terrains voisins seront vendus et que la station balnéaire se sera développée.

RENSEIGNEMENTS GÉNÉRAUX SUR FORT-DE-L'EAU

Un embranchement du chemin de fer sur routes de St-Eugène à Rovigo, allant de Maison-Carrée à Aïn-Taya et dont le tracé a été accepté par le Conseil Général, permettra bientôt, sans doute, d'aller à Fort-de-l'Eau en moins d'une heure.

En attendant, cette station balnéaire est reliée à Alger par un service d'omnibus-tramways directs, et correspondances avec les trains du P.-L.-M., de l'Est-Algérien, et du chemin de fer sur routes à Maison-Carrée.

Départs de Fort-de-l'Eau pour Maison-Carrée

Correspondance avec les trains ou les tramways de Maison-Carrée à Alger.

Matin . . . .   5 h. 1/2
— . . . .   9 h. 1/2
Soir . . . .   1 h.
— . . . .   5 h.
— . . . .   8 h. 1/2 (Dimanches et fêtes seulement),

De Maison-Carrée

Matin	7 h. 1/2	Soir	2 h. 1/2
—	11 h.	—	6 h. 1/2

10 h. du soir (dimanches et fêtes)

Par chemin de fer jusqu'à Maison-Carrée et correspondance, la durée du trajet est d'environ une heure.

Quand l'établissement sera ouvert, un service de bateaux à vapeur, permettra de se rendre rapidement d'Alger à Fort-de-l'Eau par mer.

On trouve à Fort-de-l'Eau à peu près tout ce qui est nécessaire aux besoins de la vie matérielle.

Les épiceries, bien tenues, sont assez complètement fournies et vendent sensiblement aux mêmes prix qu'à Alger. Les bouchers de Maison-Carrée et de Rouïba viennent tous les matins offrir leur marchandise à la porte même des clients. Les boulangers en font autant. Les légumes se trouvent chez tous les jardiniers, ainsi que les fruits,

Les pêcheurs de Jean-Bart fournissent du poisson frais en abondance.

Enfin, grâce aux nombreuses voitures qui circulent entre Fort-de-l'Eau et Alger, on peut très rapidement faire venir de cette ville ou de Maison-Carrée tout ce dont on peut avoir besoin et qui ne se trouve pas sur place.

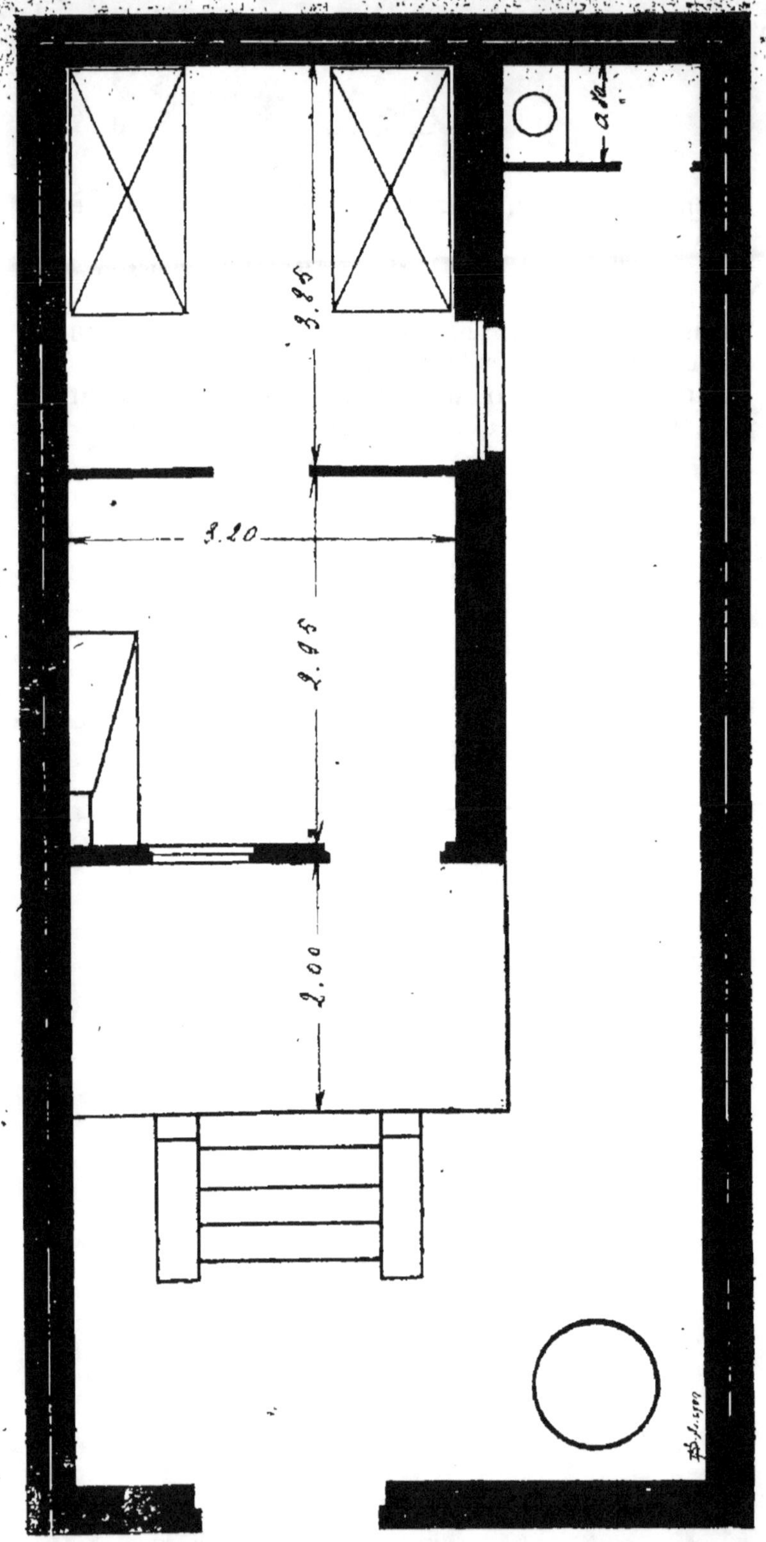

N° I. — Deux mille deux cents francs

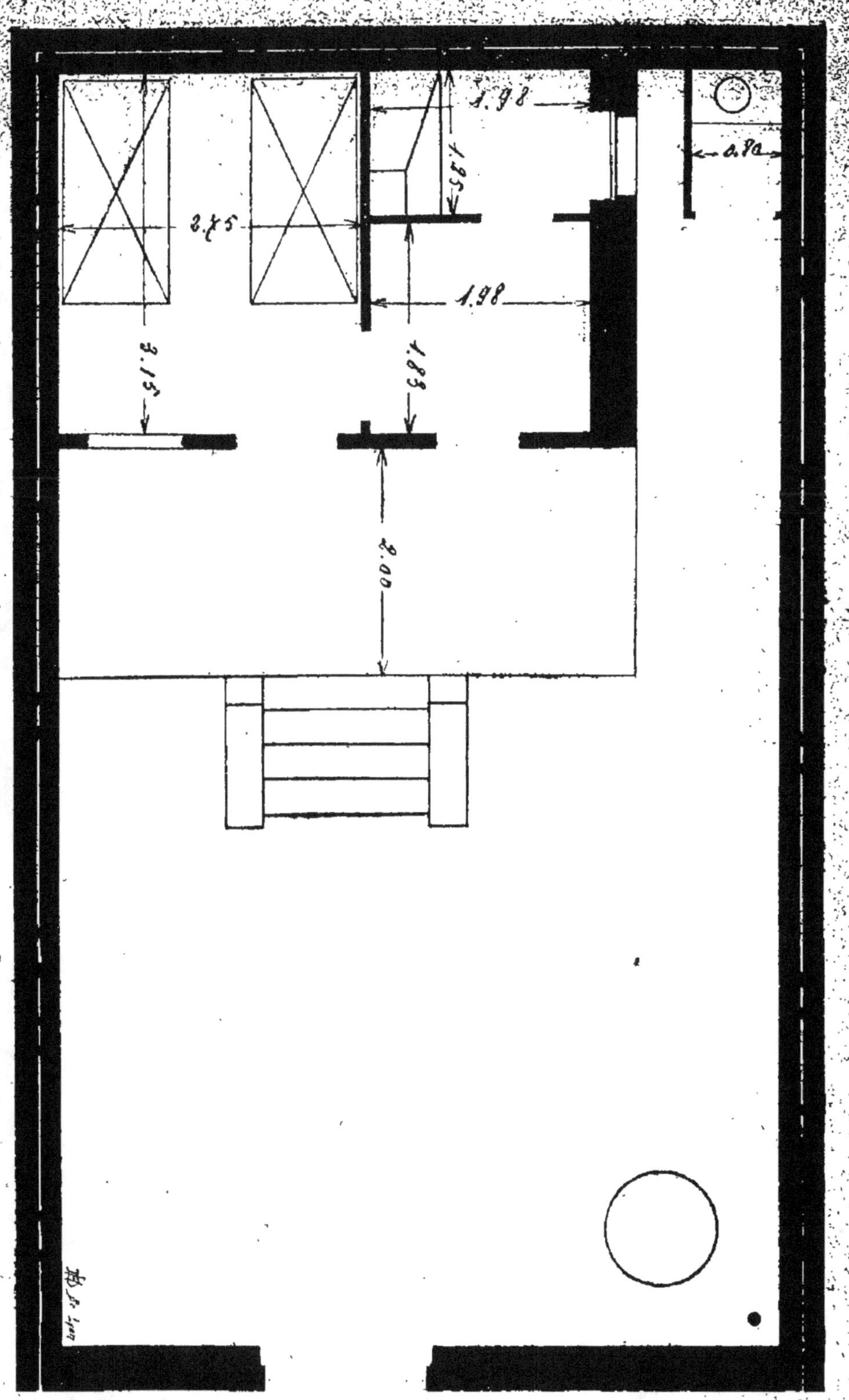

N° 2.   **Deux mille deux cent cinquante francs**

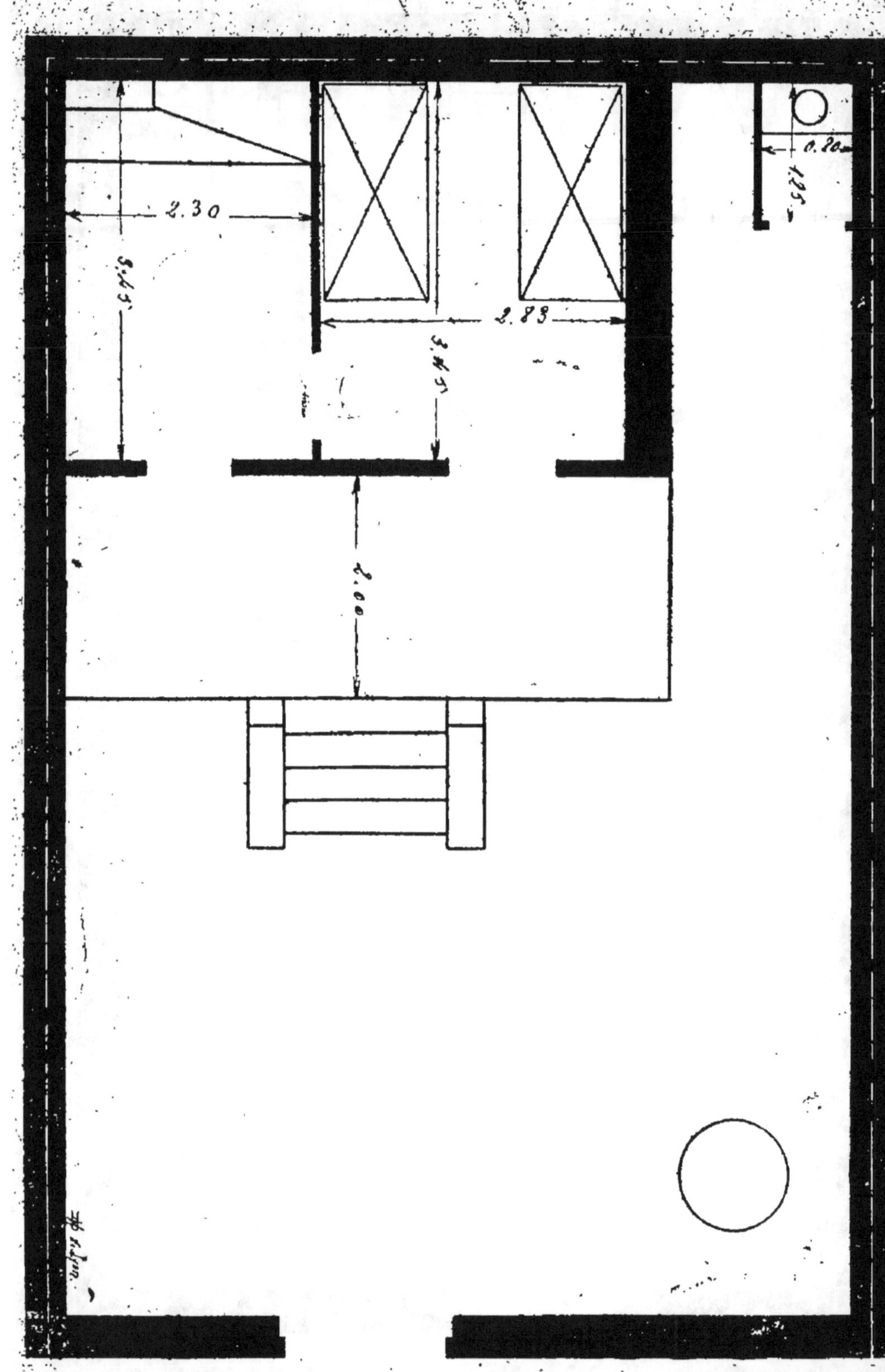

N° 3. — **Deux mille trois cent cinquante francs**

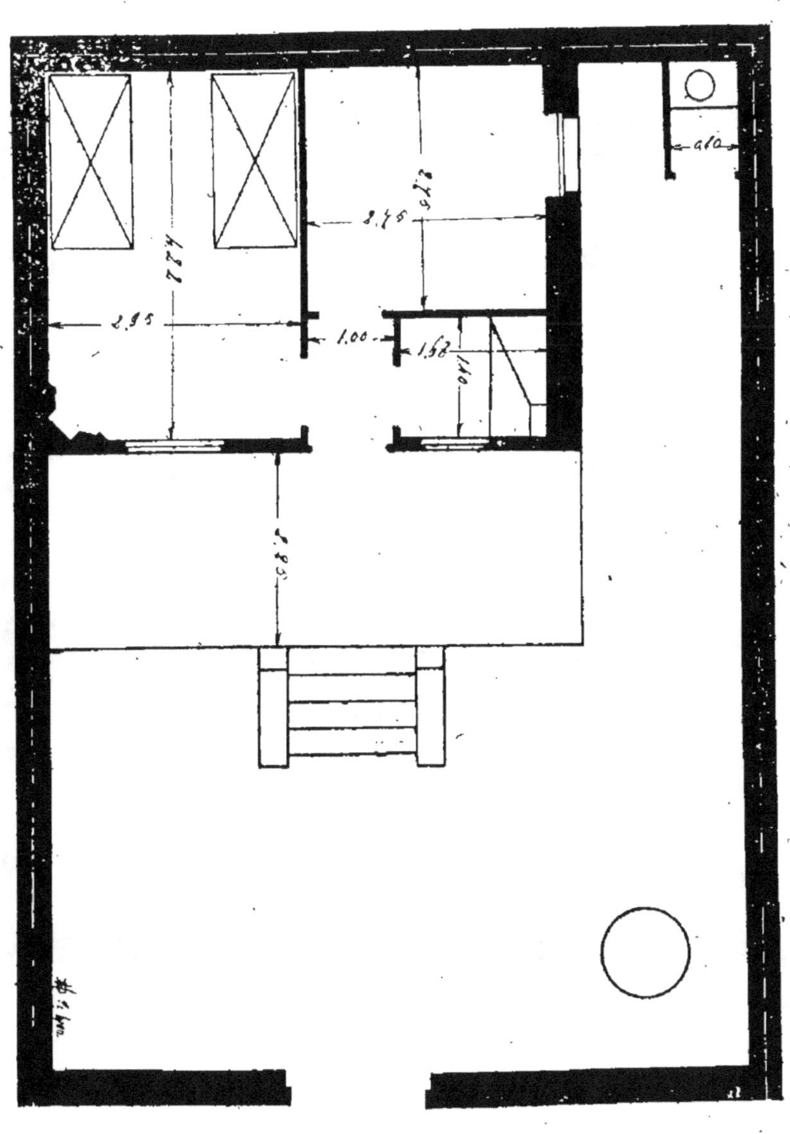

N° 4. — **Deux mille huit cent cinquante francs**

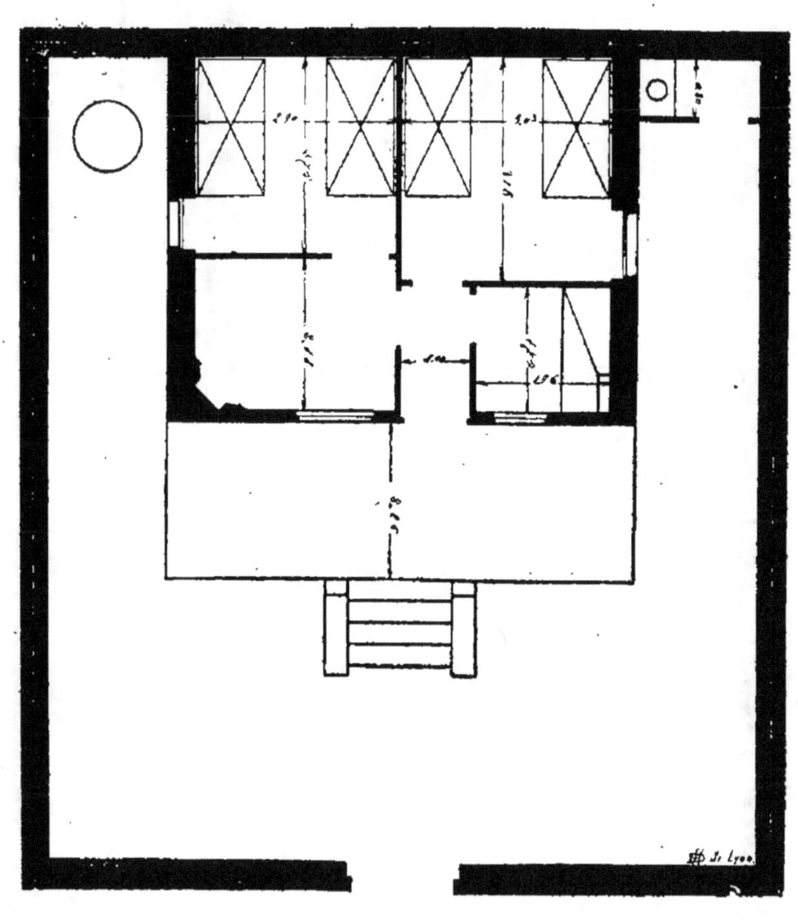

N° 5. — **Trois mille deux cent francs**

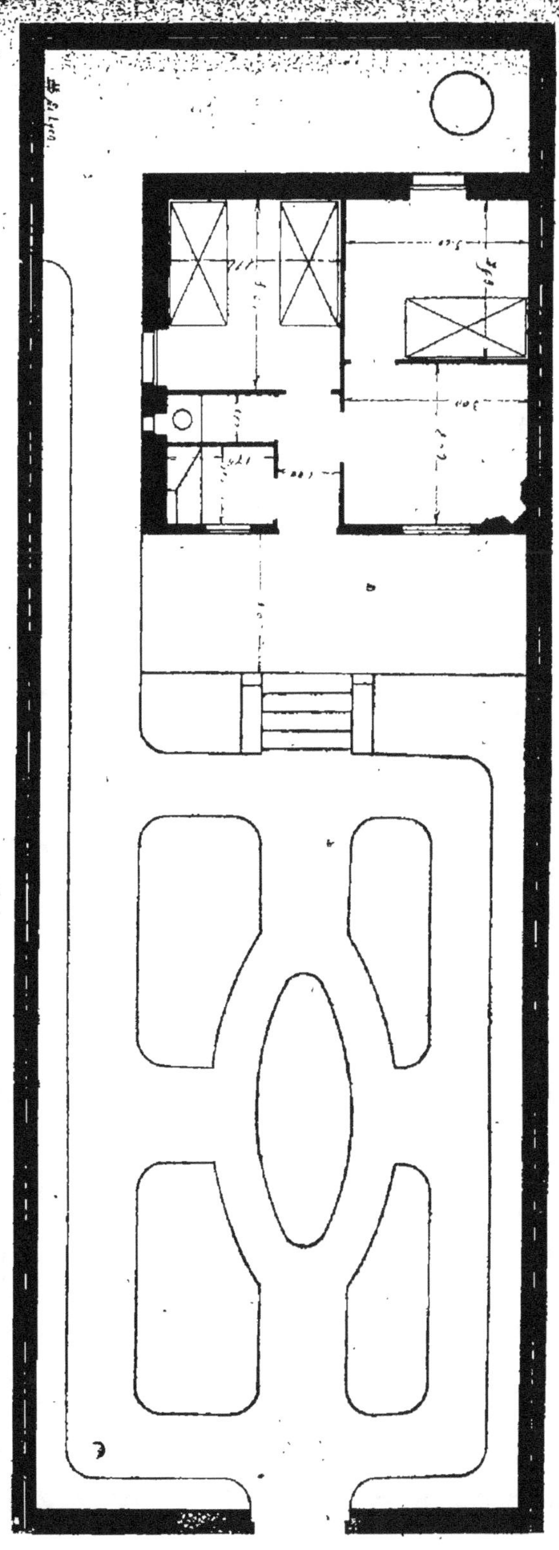

N° 6. — **Quatre mille cent francs**

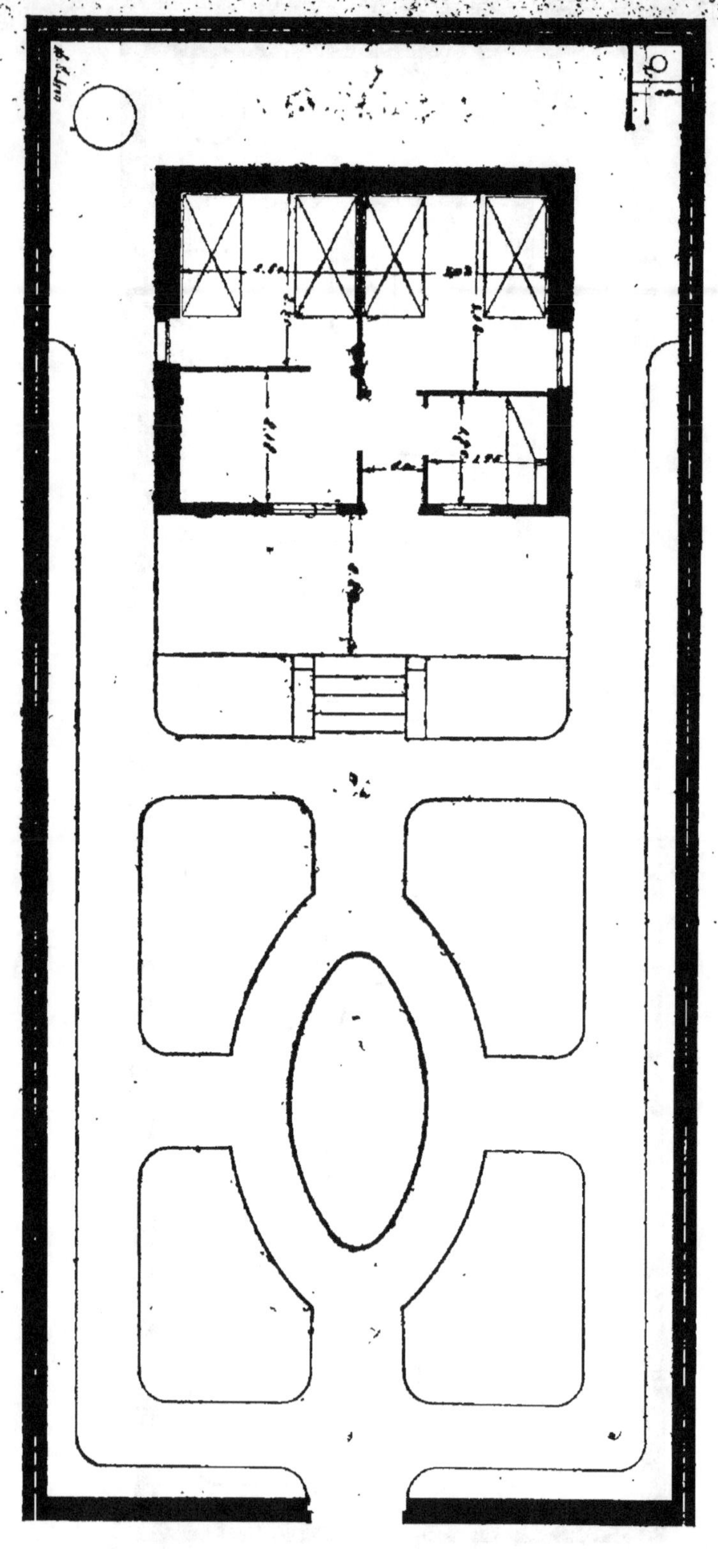

N° 7. — Quatre mille quatre cents francs

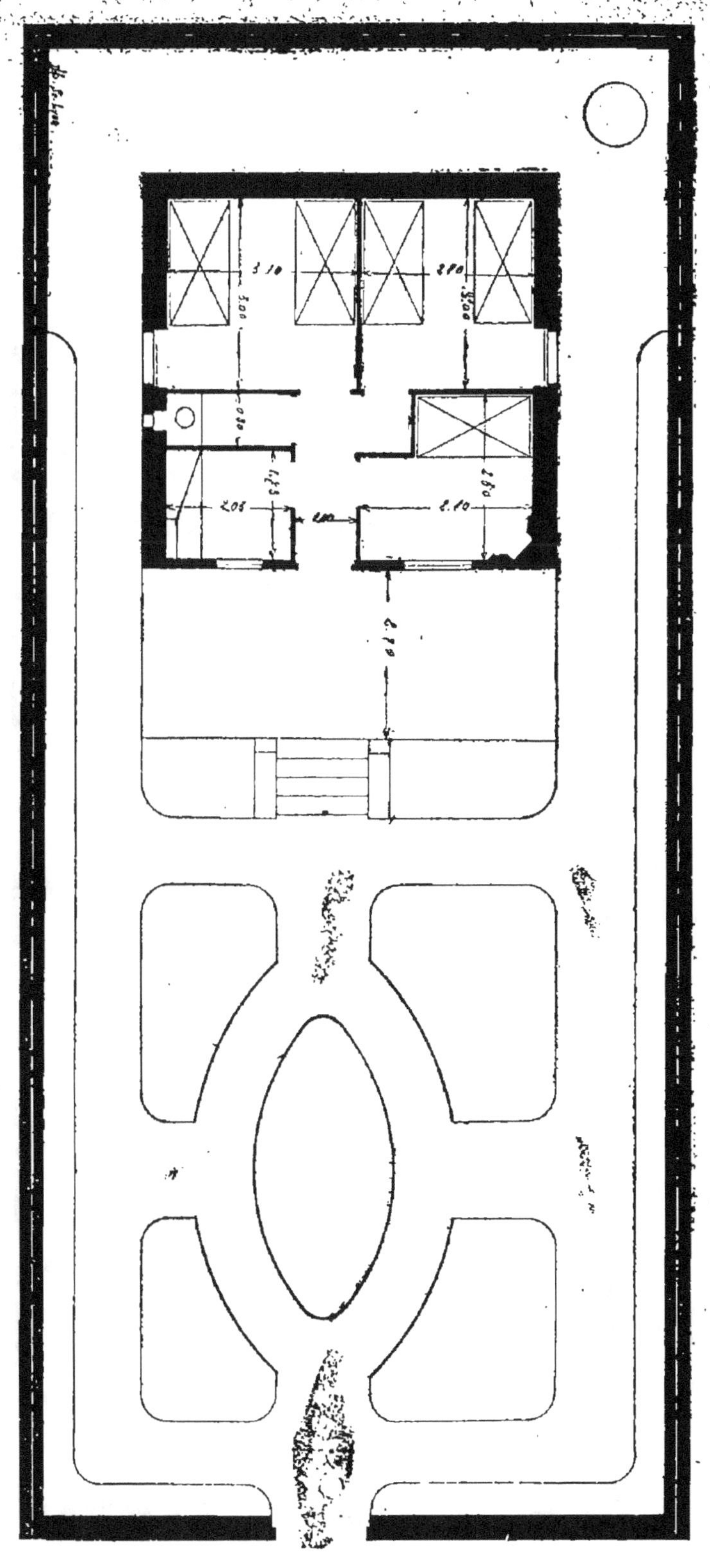

N° 8. — **Quatre mille sept cents francs**

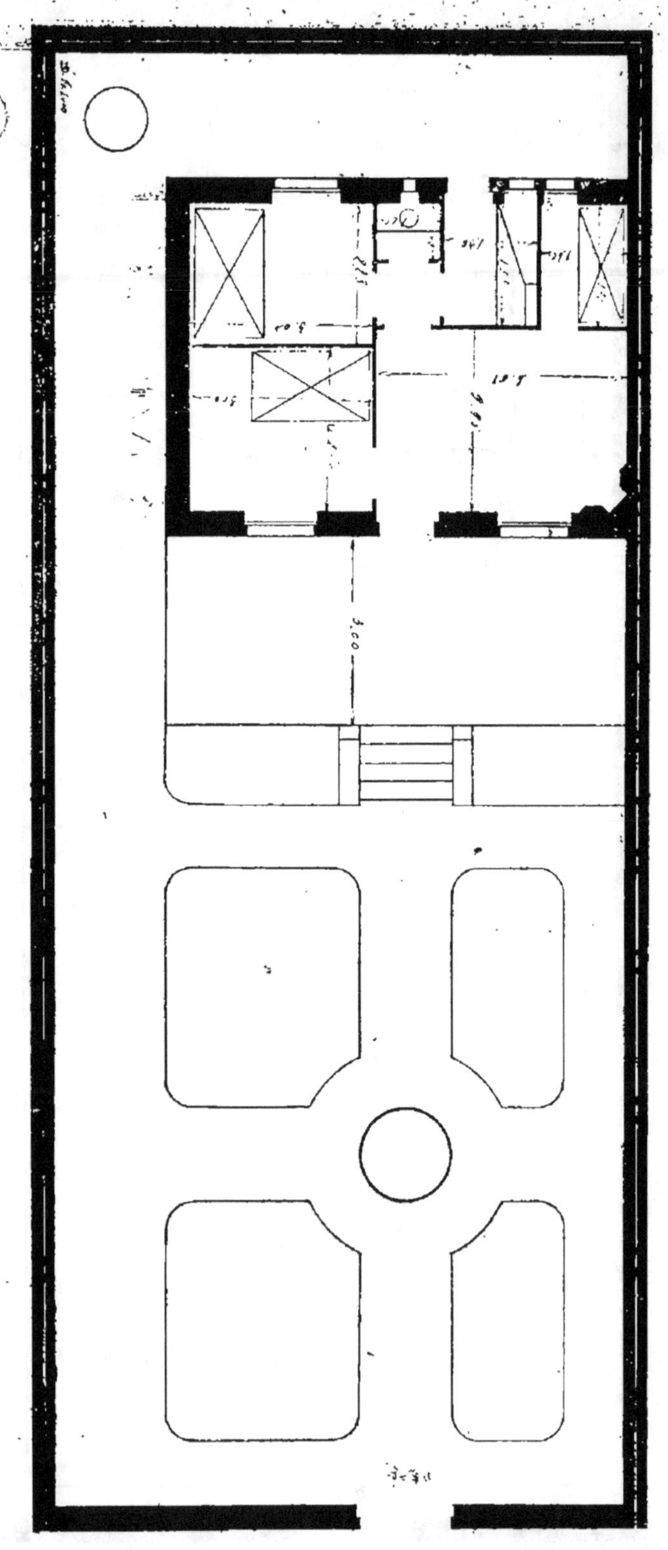

N° 9. — Quatre mille huit cents francs

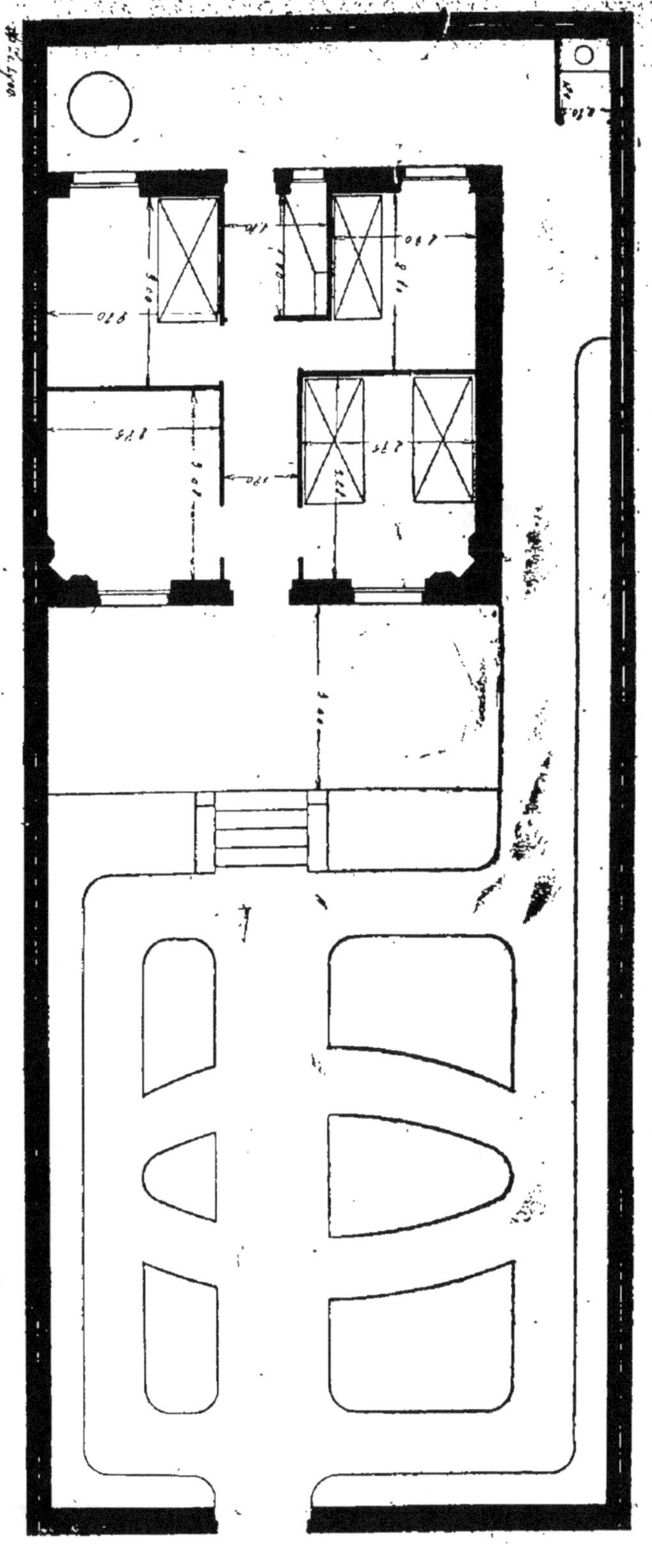

N° 10. — **Cinq mille francs**

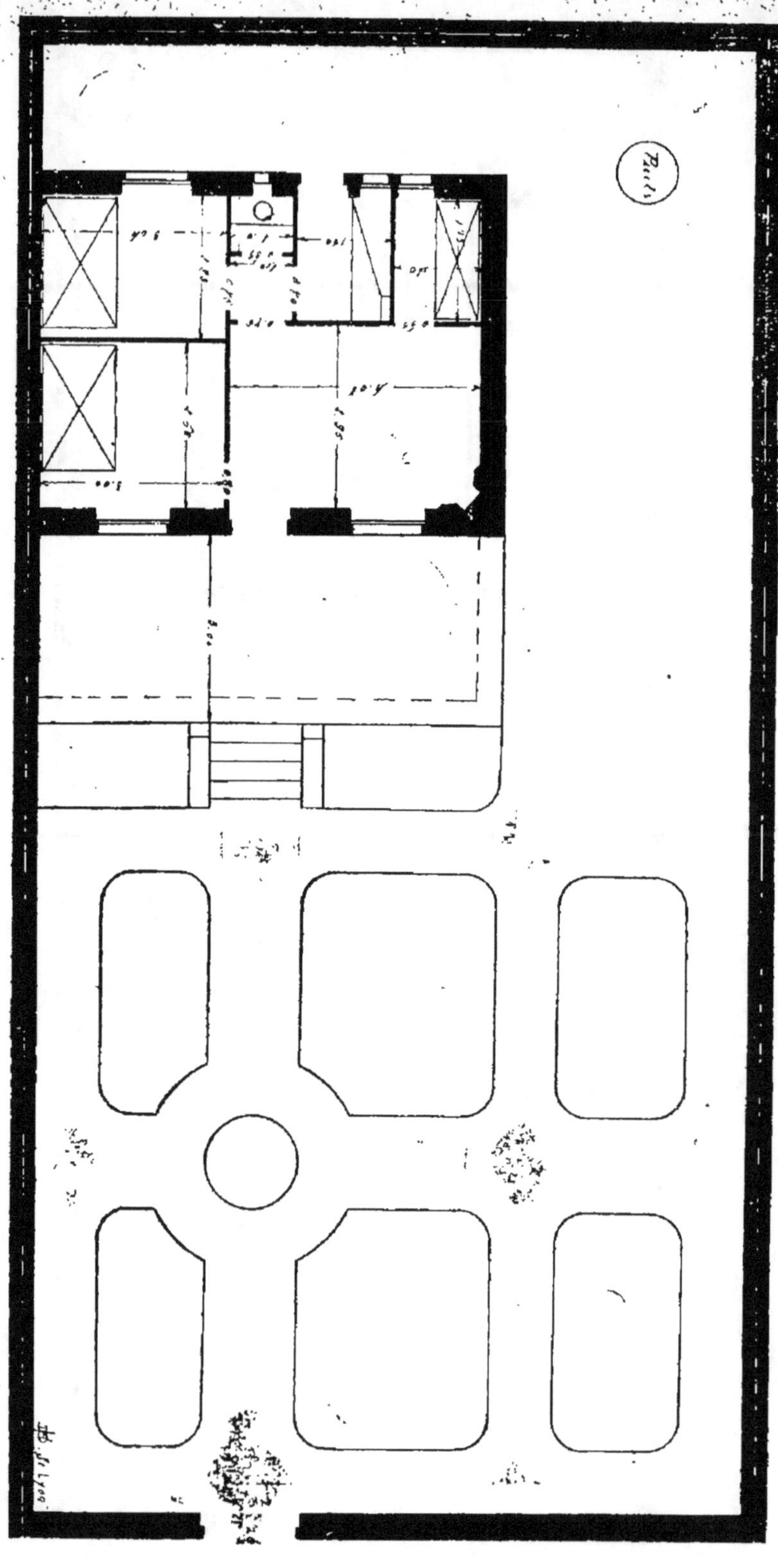

N° II. — **Cinq mille francs**

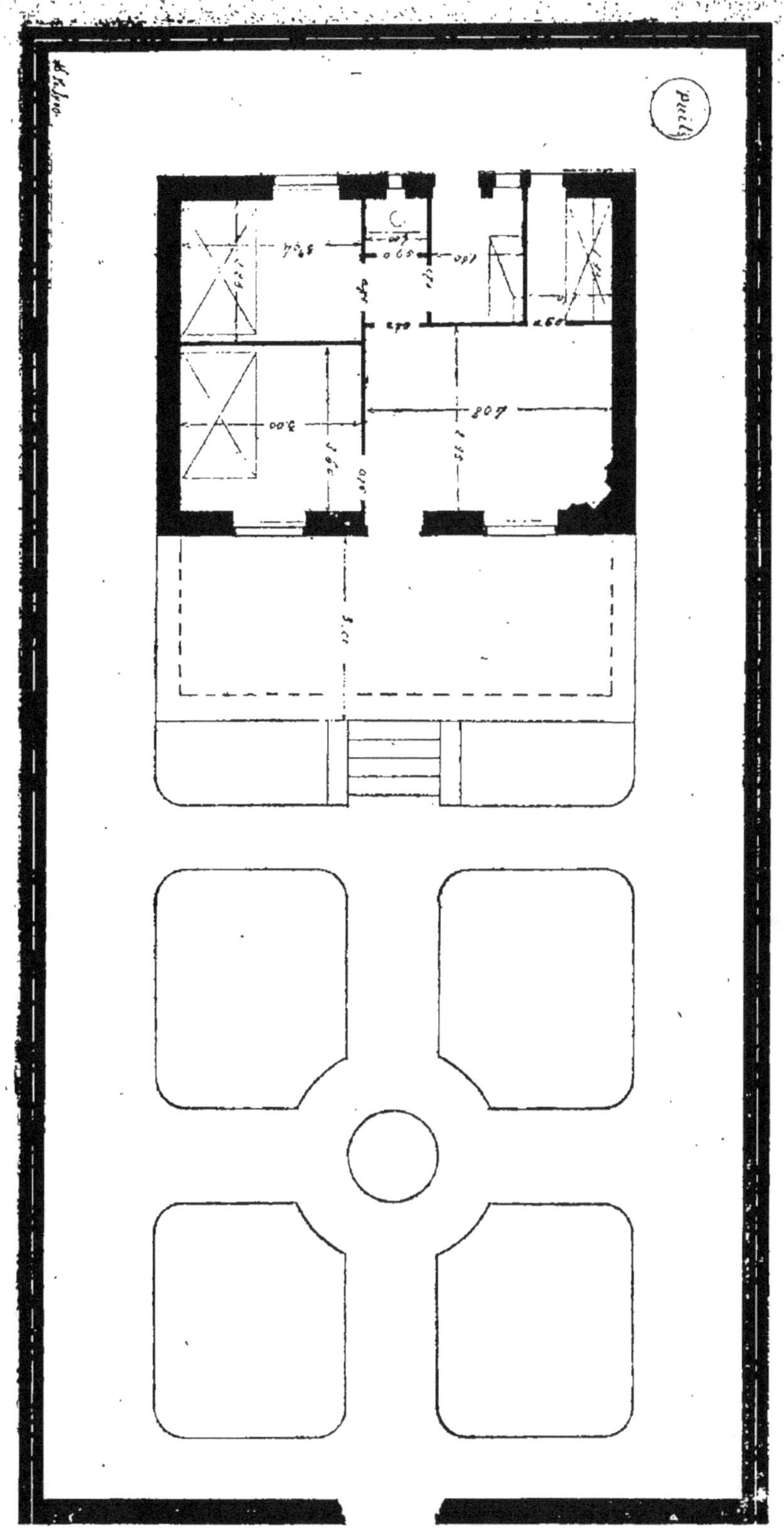

N° 12. — **Cinq mille deux cents francs**

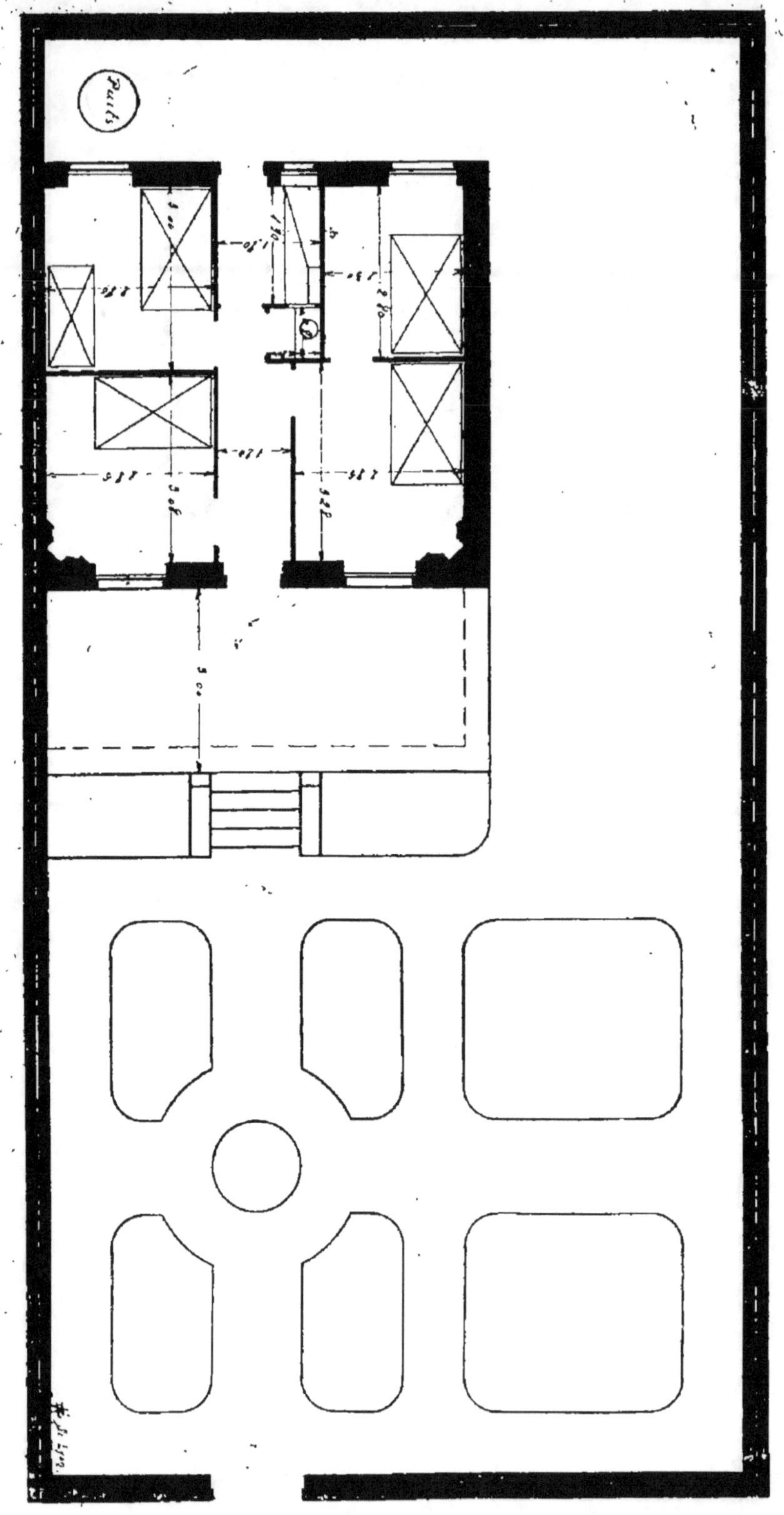

N° 13. — Cinq mille trois cénts francs

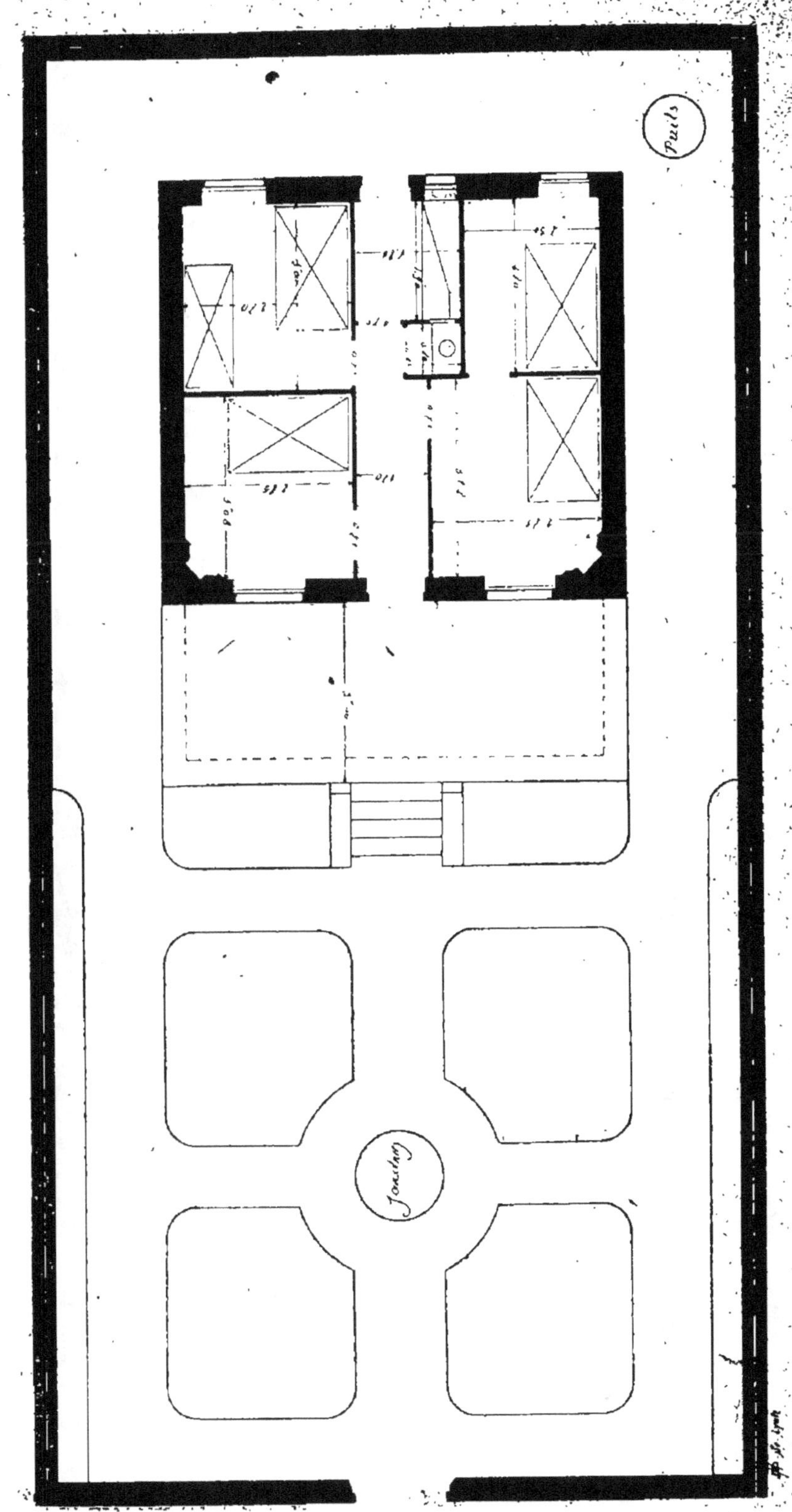

N° 14. — **Cinq mille cinq cent oinquante francs**

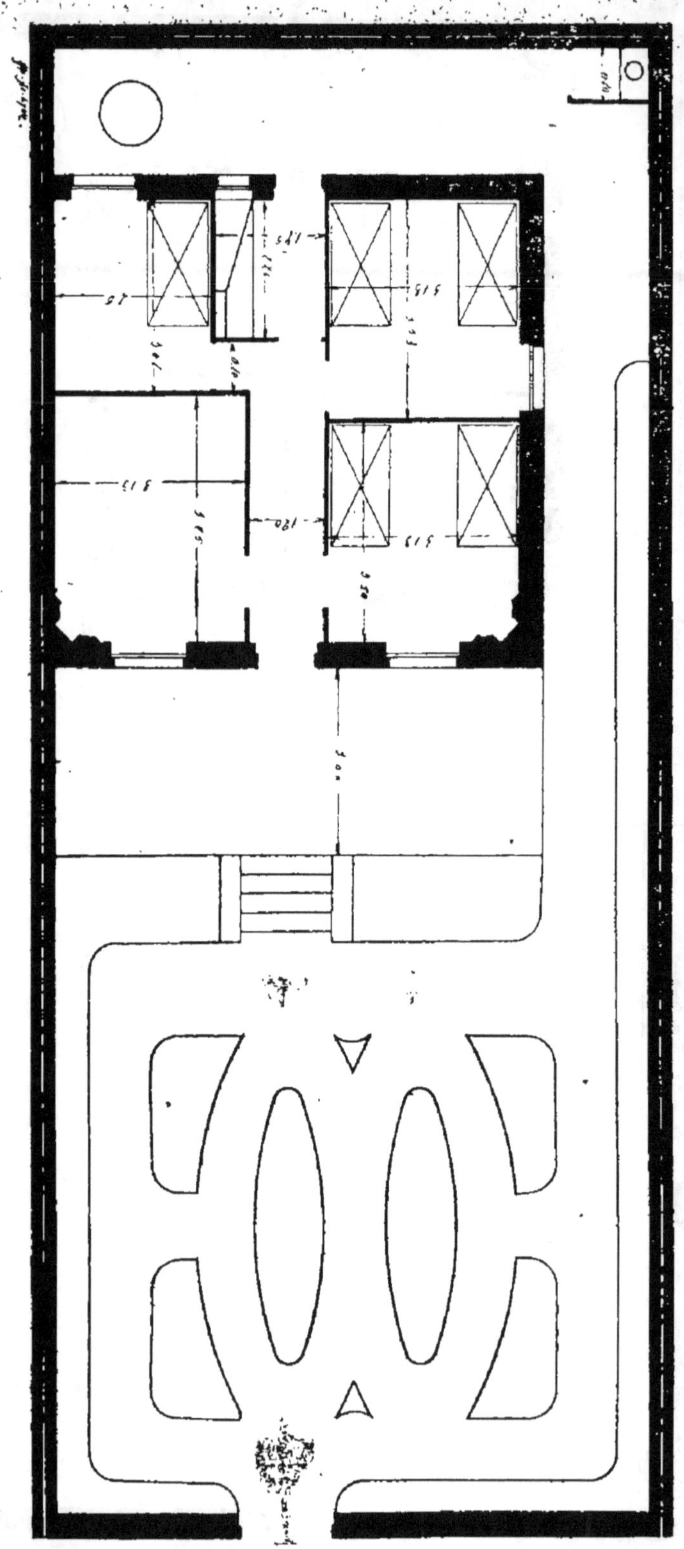

N° 15. — **Cinq mille six cent cinquante franc**

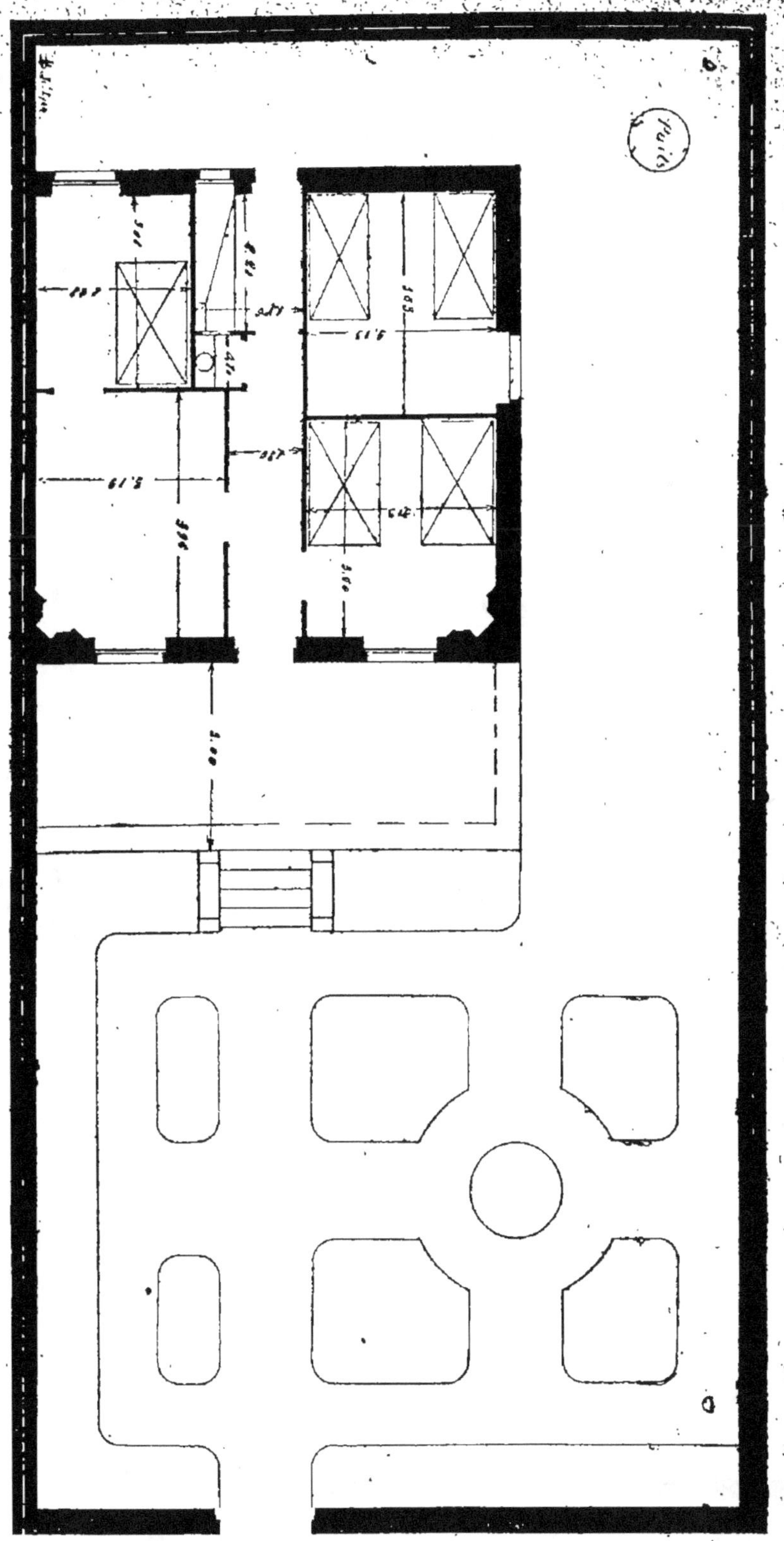

N° 16. — **Cinq mille neuf cents francs**

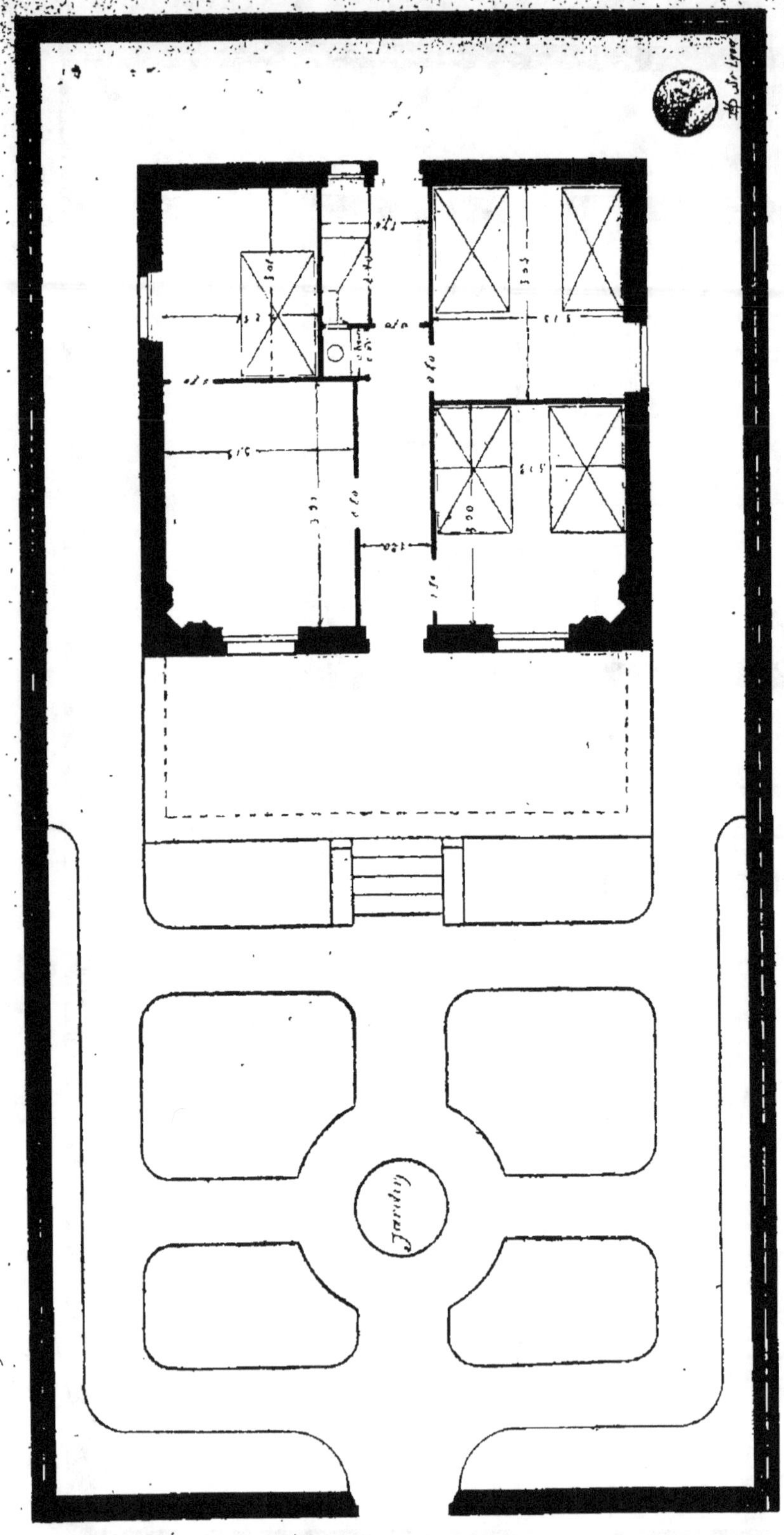

Nº 17. — Six mille cent francs

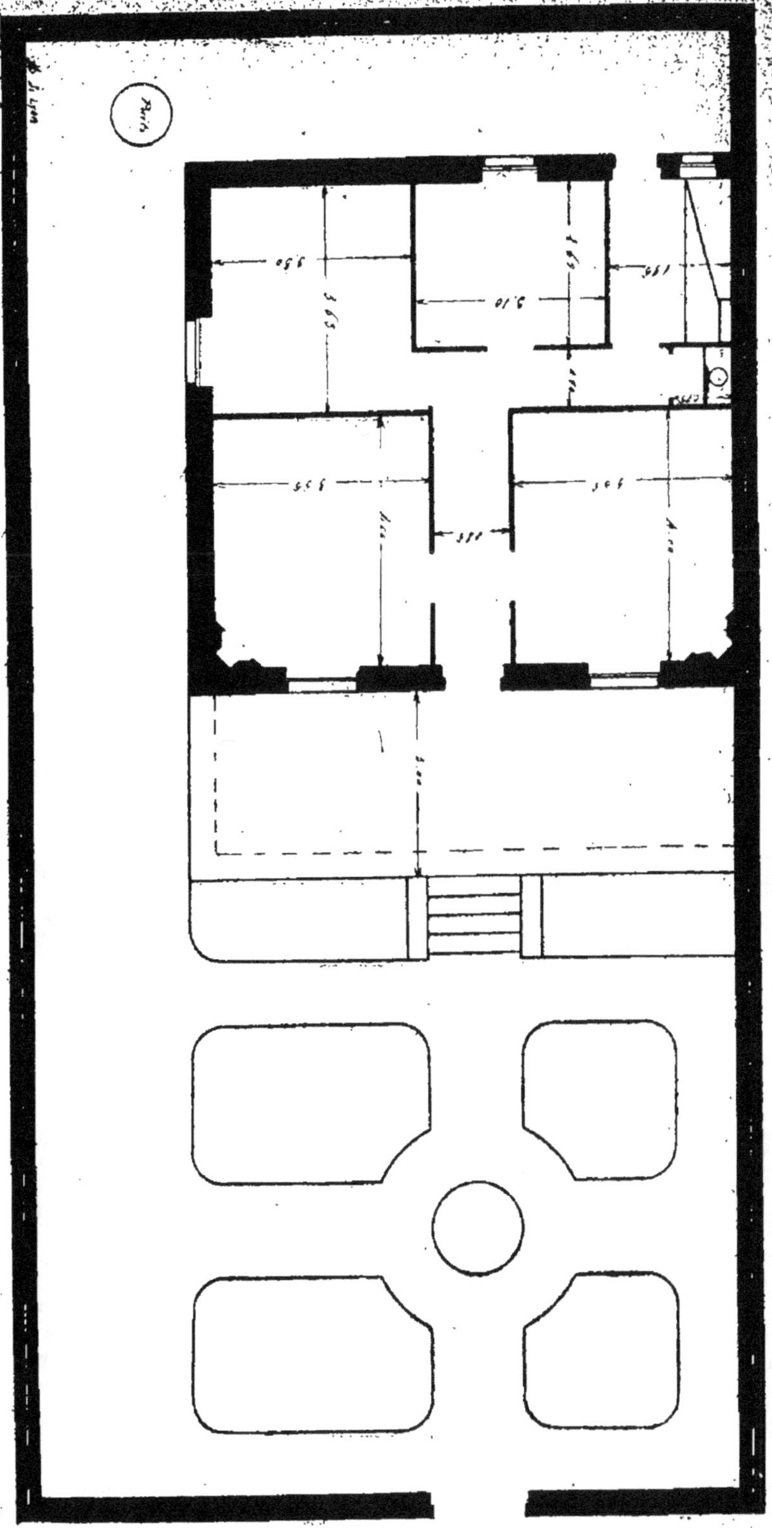

N° 18. — **Six mille cinq cents francs**

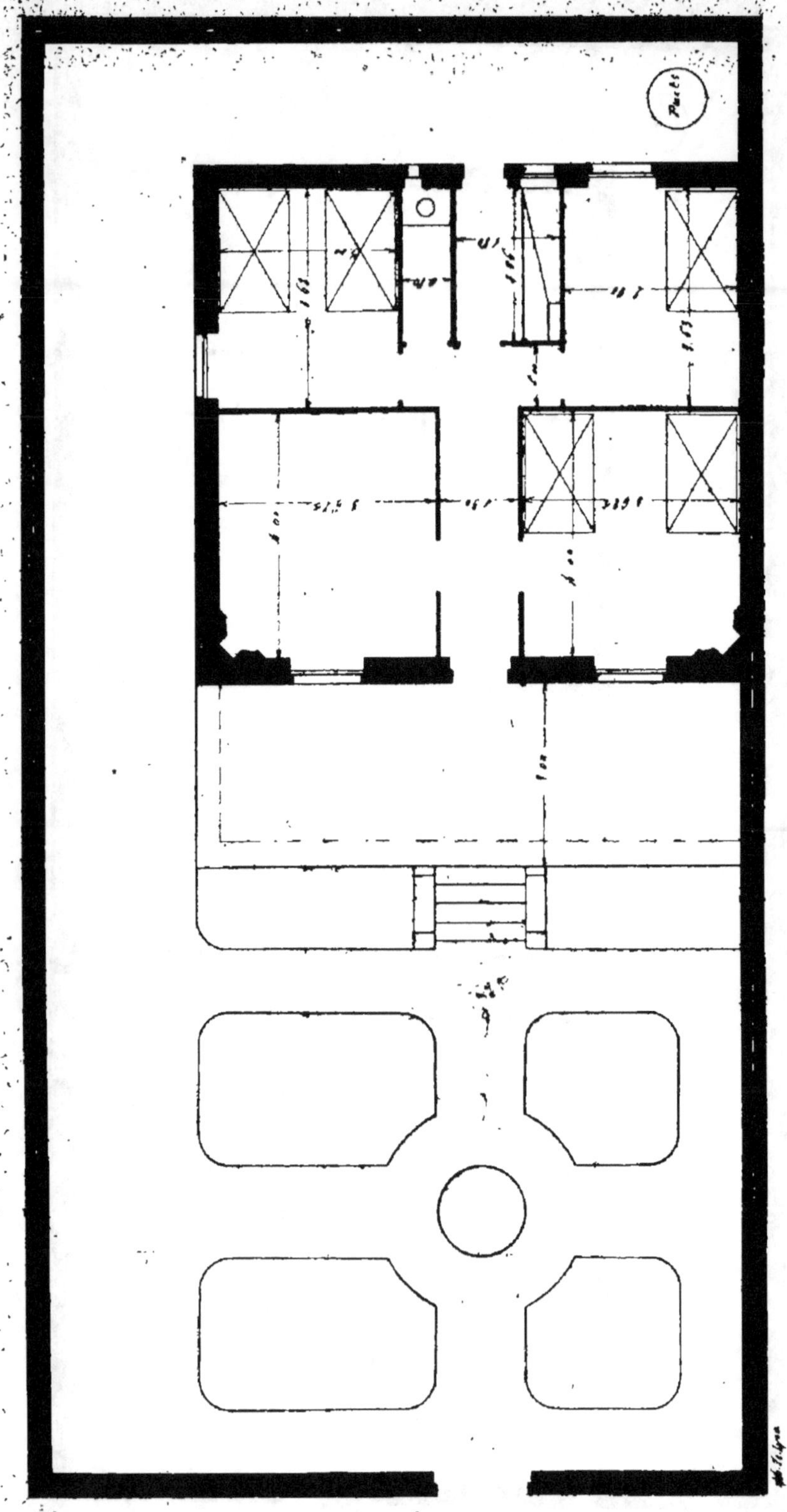

Nº 19. — Six mille cinq cents francs

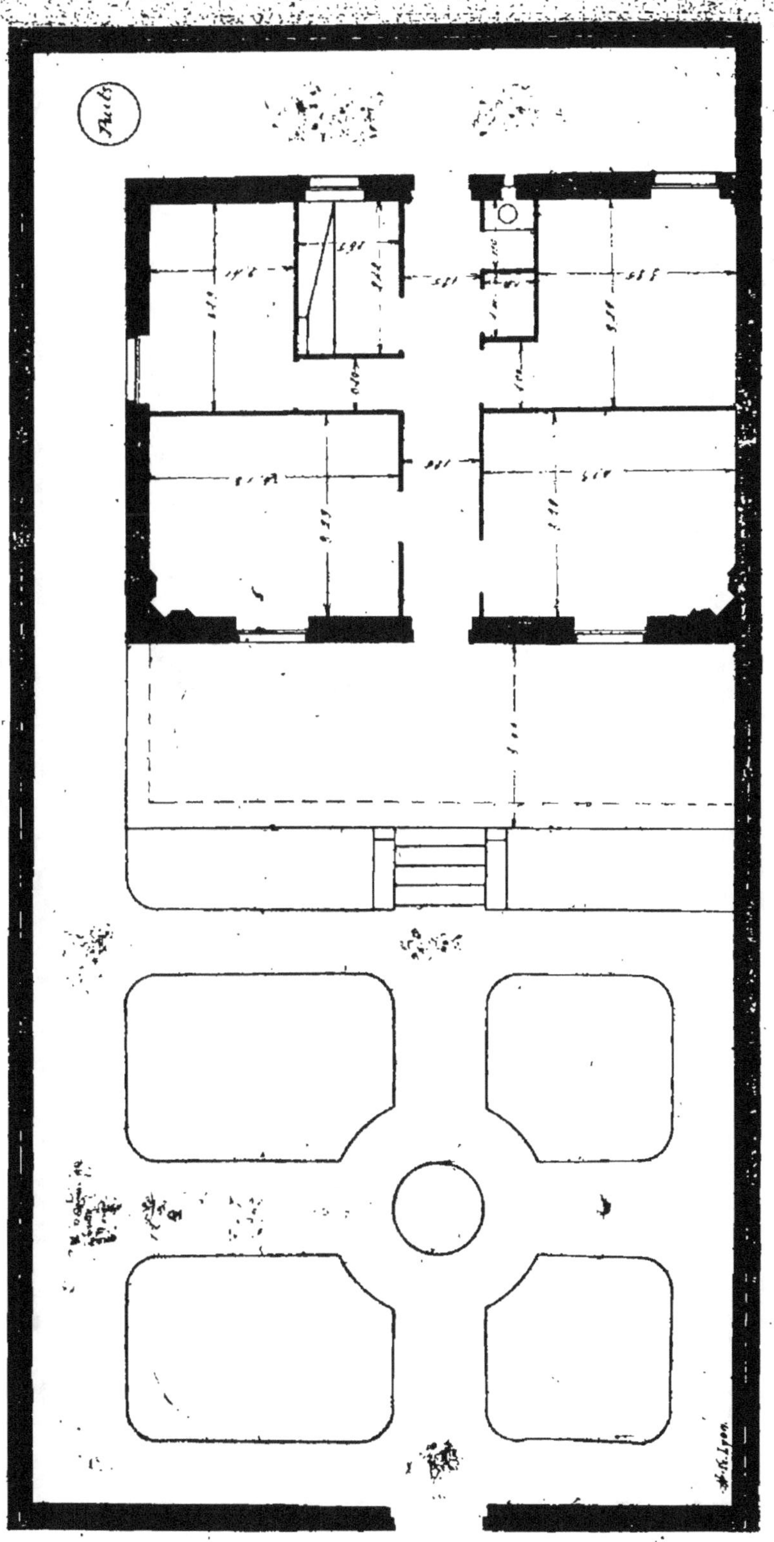

N° 20 . - **Six mille six cents francs**

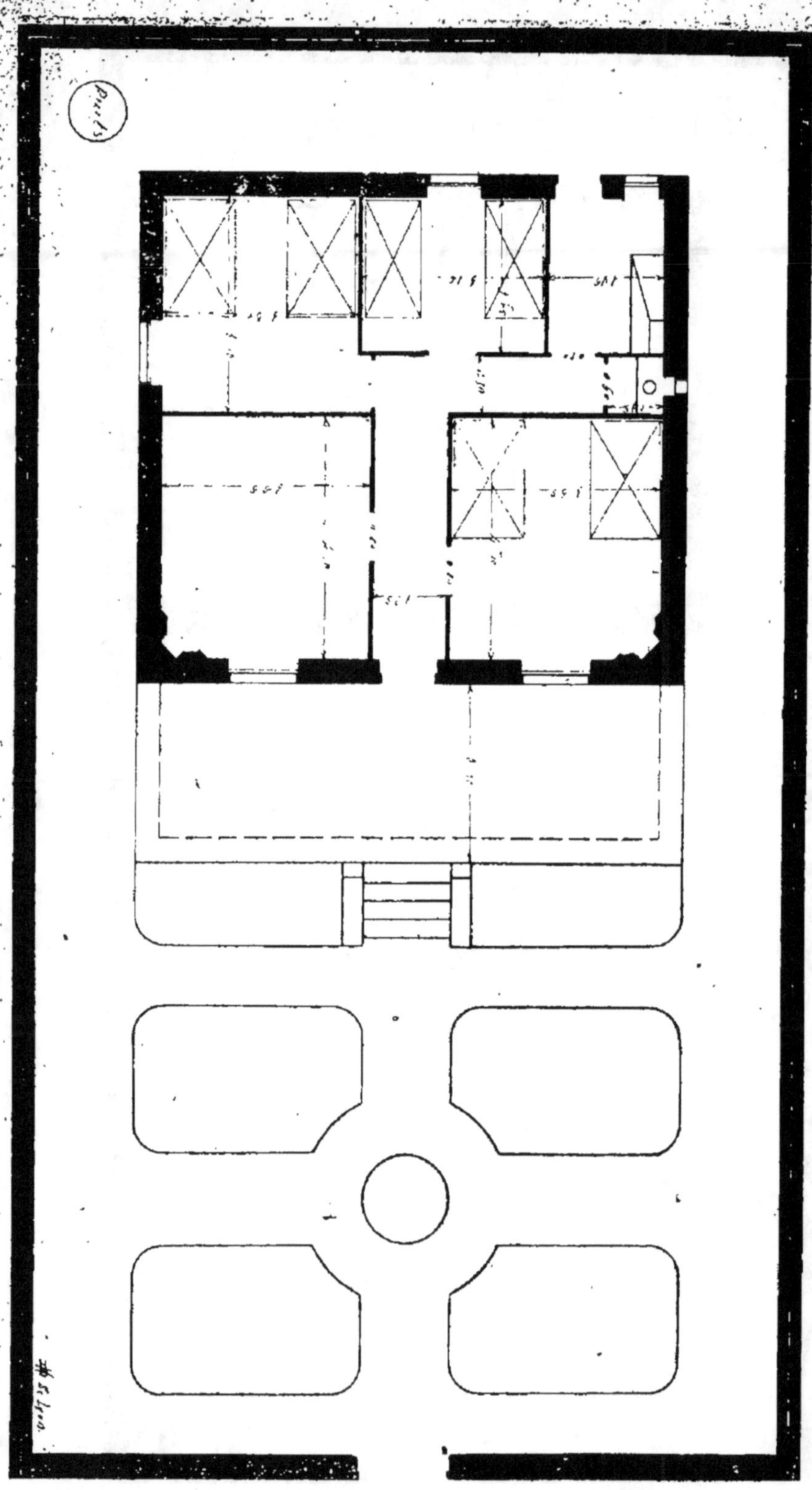

N° 21.   **Six mille neuf cents francs**

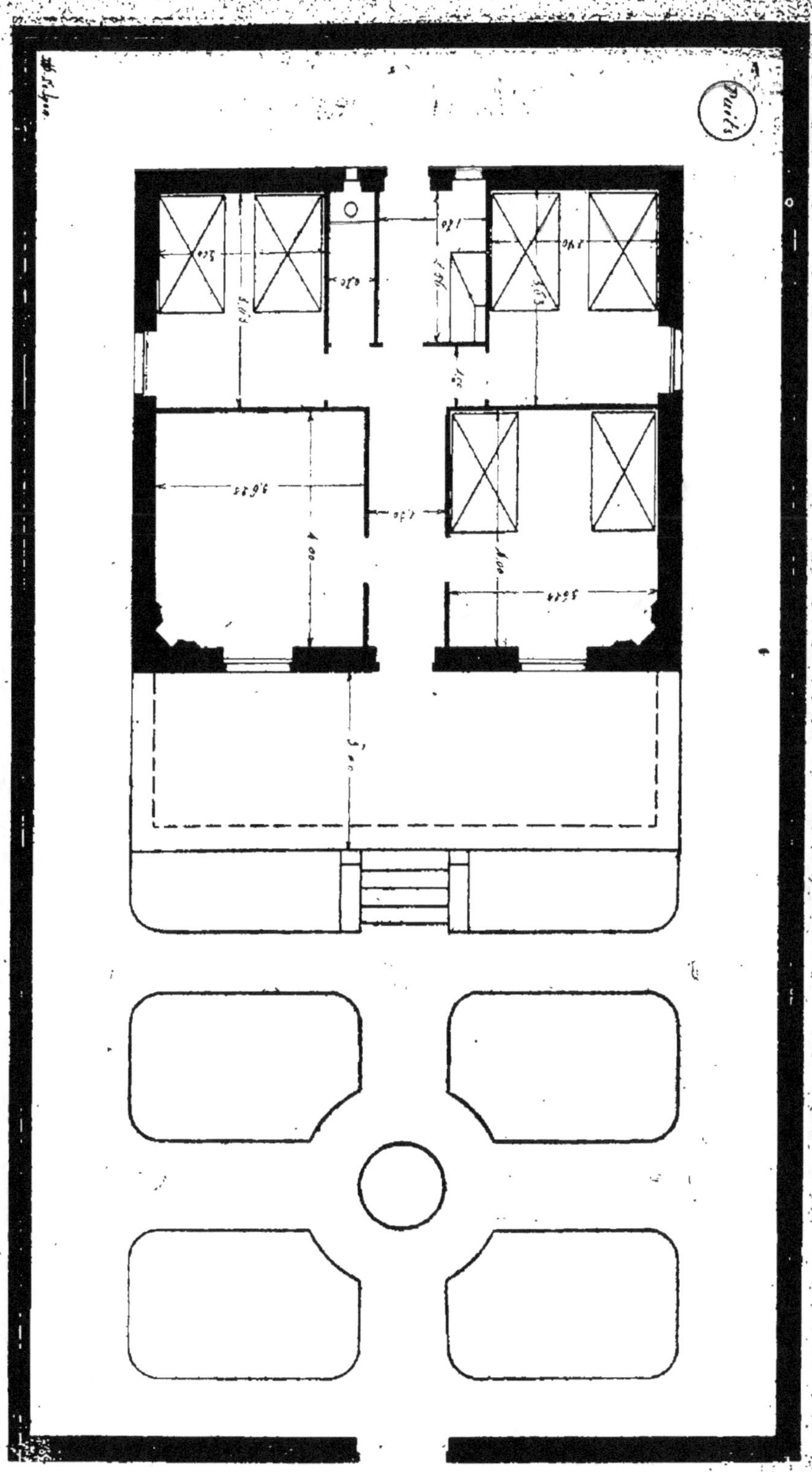

N⁰ 22.   **Sept mille francs**

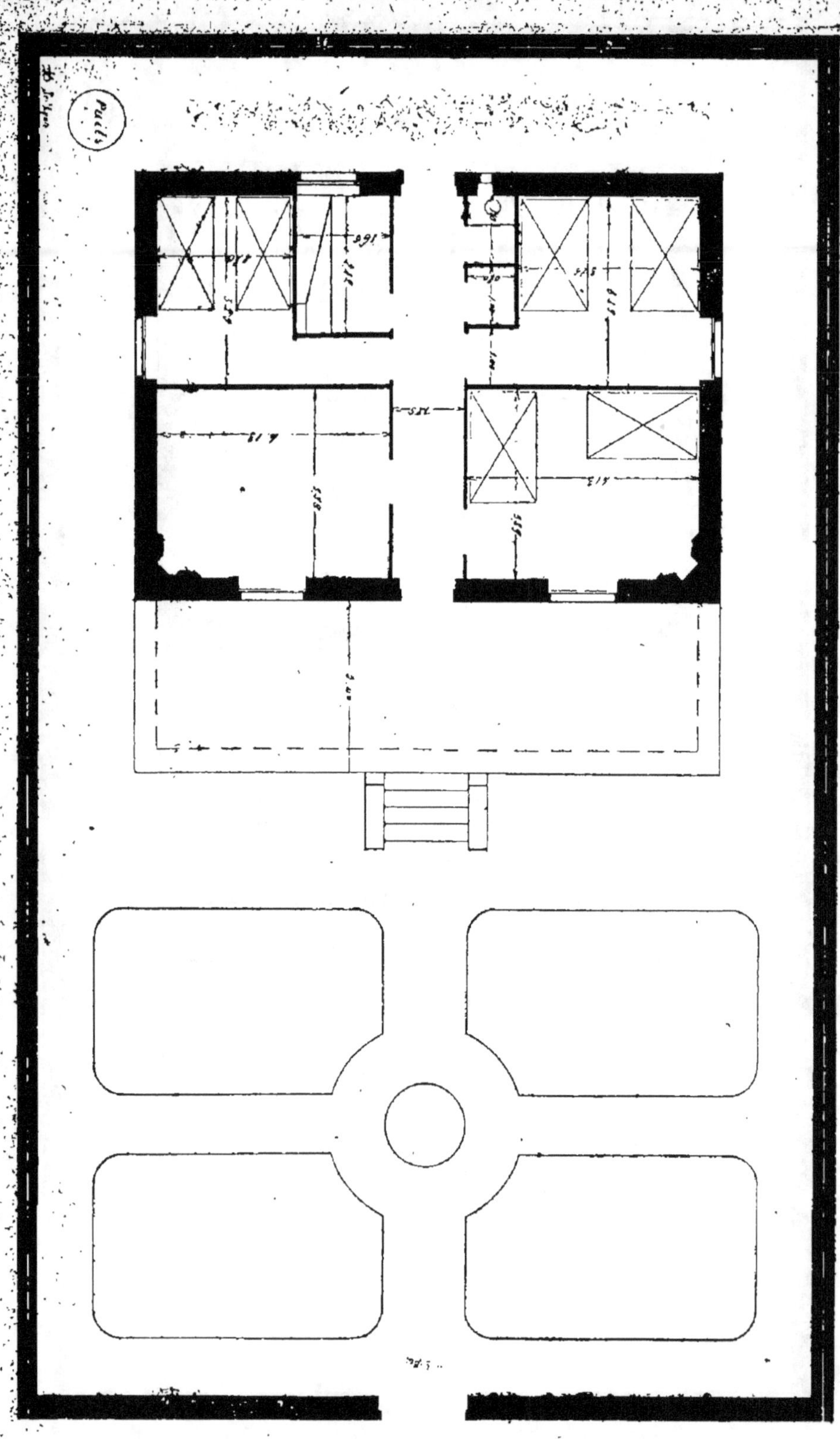

N° 23.   **Sept mille cent cinquante francs**

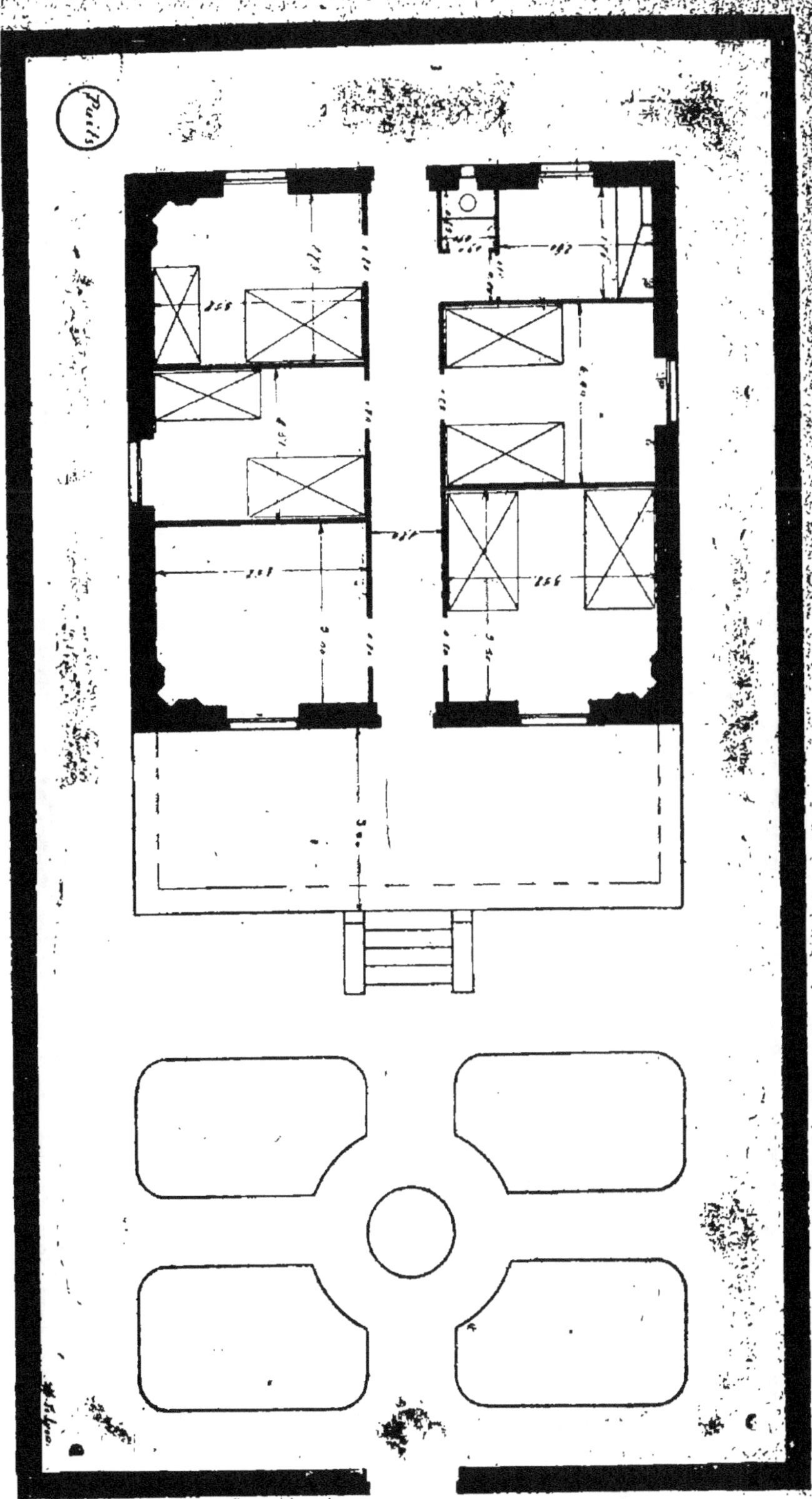

N° 24. — **Sept mille cent cinquante francs**

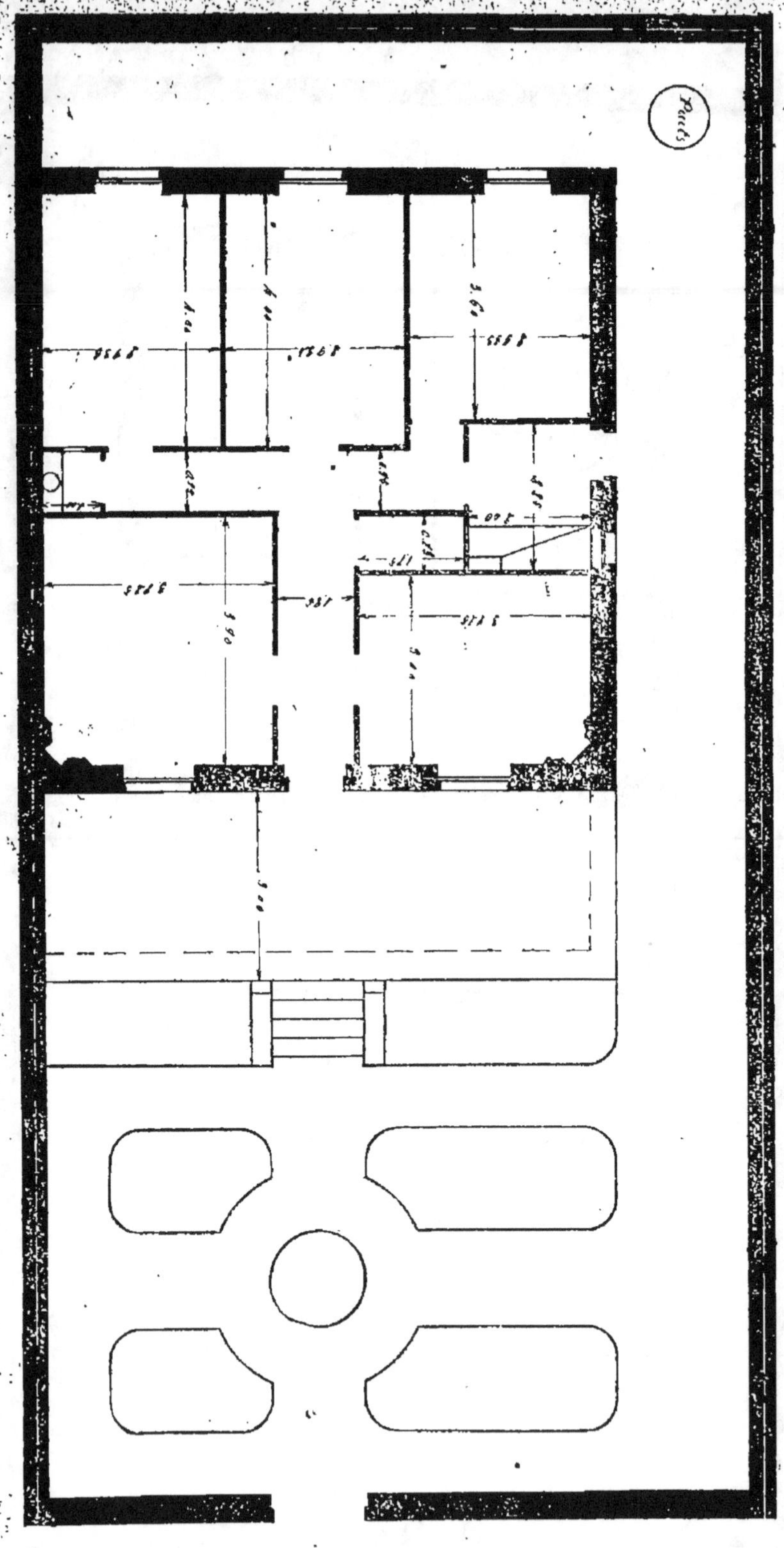

N° 25. — Sept mille trois cents francs

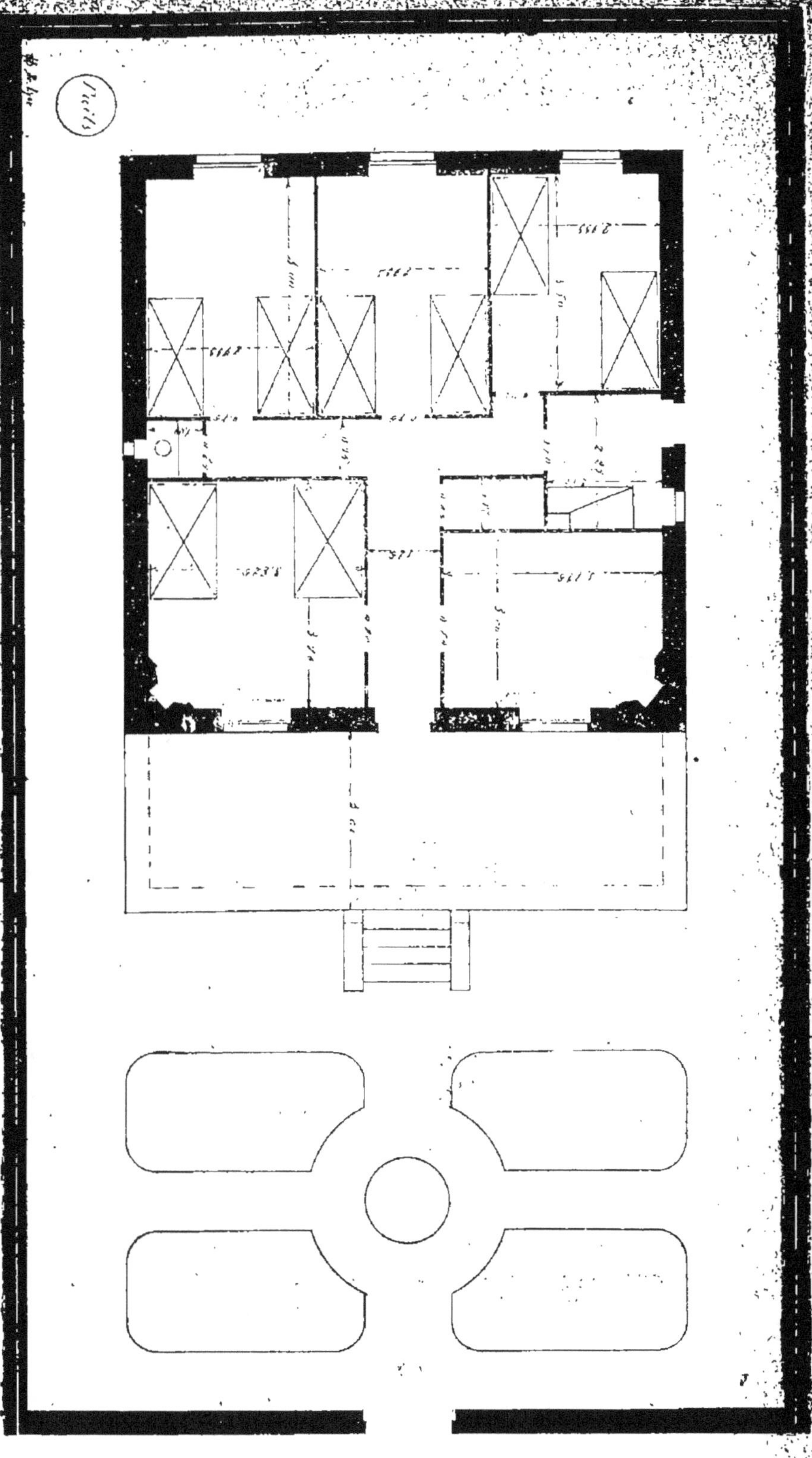

N⁰ 26. — **Sept mille huit cents francs**

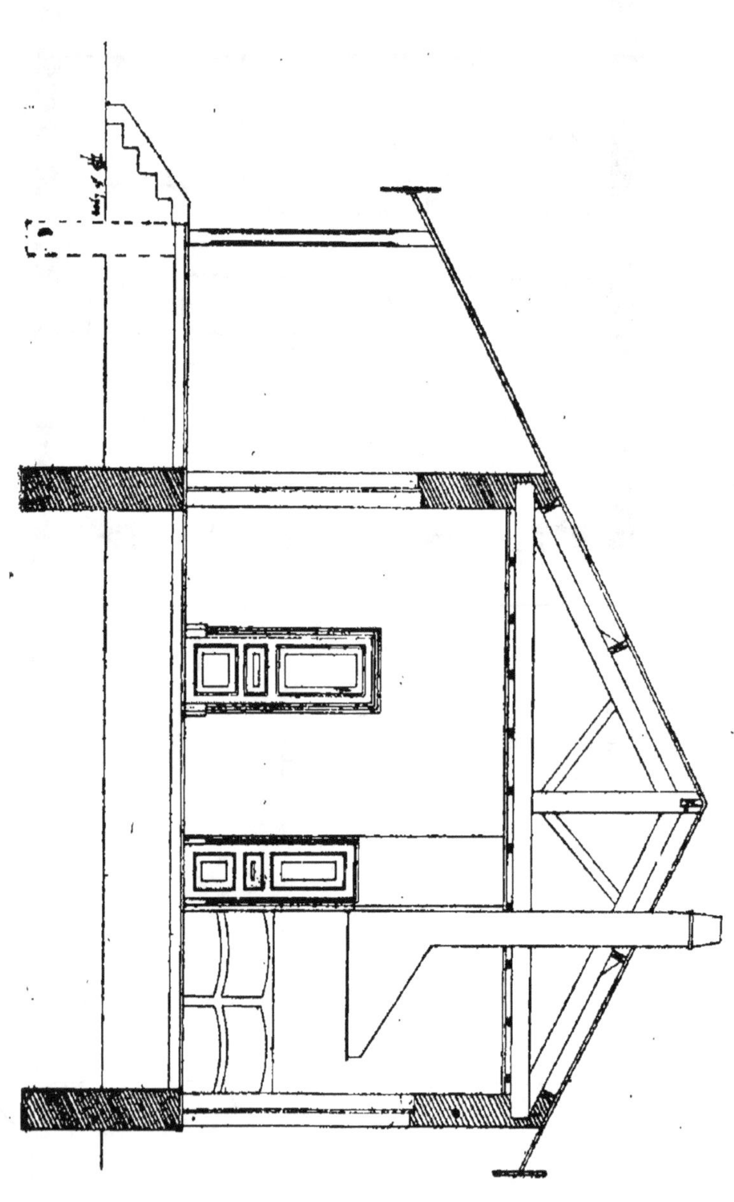

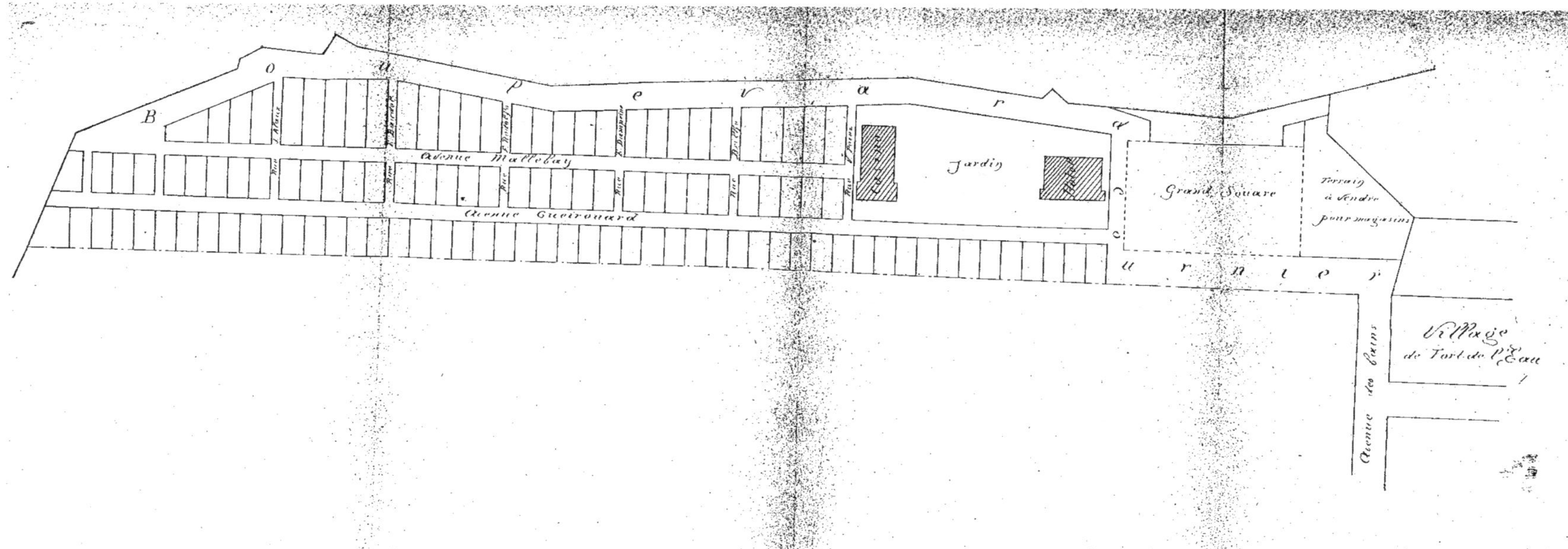

Boulevard Tournier
B
Avenue Mallebay
Avenue Gueirouard
Rue J. Alfaux
Rue P. Bardos
Rue P. Rodolfe
Rue E. Dampierre
Rue Brélly
Rue J. Perez
Jardin
Grand Square
Terrain à vendre pour magasins
Village de Fort de l'Eau
Avenue des Bains

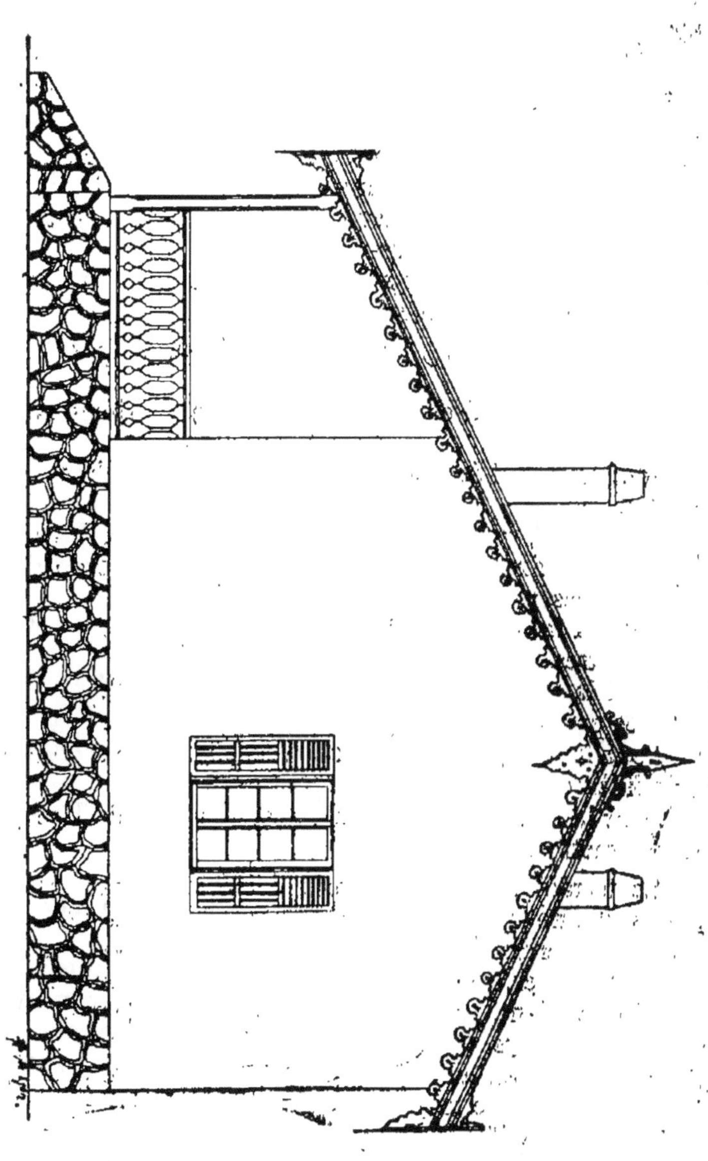

Tous les projets, quelle que soit la grandeur, comportent le même plan de la façade principale, genre chalet (27), le même plan des façades latérales (28). et de la coupe (29).

Toutes les maisons seront élevées d'un mètre au-dessus du niveaa du sol, tous les murs de clôture auront un mètre vingt centimètres de hauteur, toutes les portes des jardins seront en bois et à claire-voie. Chaque maison aura un puits avec une petite pompe, la confection des jardins à la charge des acheteurs.

Pour les nᵒˢ 1, 2, 3, l'échelle est de 0,00,13,41 dimilièmes par mètre.

Pour le nᵒ 4, l'échelle est de 0,00,09 millimètres par mètre.

Pour le nᵒ 5, l'échelle est de 0,00,07,60 dimillièmes par mètre.

Pour les 6, 7, 8, 9, 10. 11, 12, 13, 14, 15, 16, 17, 18, 19, 20, 21, 22, 23, 24, 25, 26, l'échelle est de 0,00,06,70 dimillièmes par mètre.

Pour la façade principale nᵒ 27, l'échelle est de 0,00,13 millimètres par mètre.

Pour la coupe nᵒ 28, l'échelle est de 0,00,08,75 dimillièmes par mètre.

Pour lr façade latérale nᵒ 29, l'échelle est de 0,00,08,75 dimillièmes par mètre.

Pour la plan général, l'échelle est de un millimètre pour deux mètres.

Le terrain sur lequel seront édifiées les maisons dont nous donnons les prix, ne comprend que la 2ᵉ et la 3ᵉ zone de terrain. La première, sur le boulevard faisant face à la mer, le terrain étant plus cher et la grandeur des lots variant, le prix sera à débattre. Nous soumettrons anx acquéreurs la convention qui est intervenue entre Monsieur Troy, entrepreneur, et nous, et l'on pourra se rendre compte de tout ce qui a été prévu pour la construction des villas.

Nᵒ 1, une MAISON. — **Deux mille deux cents francs,** y compris le terrain.

Nº 2, une MAISON. — **Deux mille deux cent cinquante francs,**

Nº 3. — **Deux mille trois cent cinquante francs.**

Nº 4. — **Deux mille huit cent cinquante francs.**

Nº 5. — **Trois mille deux cents francs.**

Nº 6. — **Quatre mille cent francs**

Nº 7. — **Quatre mille quatre cents francs.**

Nº 8. — **Quatre mille sept cents francs.**

Nº 9 — **Quatre mille huit cents francs.**

Nº 10. — **Cinq mille francs.**

Nº 11. — **Cinq mille francs.**

Nº 12. — **Cinq mille deux cents francs,**

Nº 13. — **Cinq mille trois cents francs.**

Nº 14. — **Cinq mille cinq cent cinquante francs.**

Nº 15. — **Cinq mille six cents cinquante francs.**

Nº 16. — **Cinq mille neuf cents francs.**

Nº 17, — **Six mille cent francs.**

Nº 18, — **Six mille cinq cents francs.**

Nº 19. — **Six mille cinq cents francs.**

Nº 20, — **Six mille six cents francs.**

Nº 21. — **Six mille neuf cents francs.**

Nº 22. — **Sept mille francs.**

Nº 23. — **Sept mille cent cinquante francs.**

Nº 24. — **Sept mille cent cinquante francs,**

Nº 25. — **Sept mille trois cents francs.**

Nº 26. — **Sept mille huit cents francs.**

Les acquéreurs peuvent à leur gré modifiier la distribution ; les prix ne variront pas s'ils respectent les surfaces indiquées sur le plan.

Le terrain de la villa n° 11 peut être réduit de deux mètres cinquante sur la longueur, et de ce chef, le prix de cette villa est porté à quatre mille sept cents francs.

Le n° 13 peut subir la même réduction, et le prix de la villa est de cinq mille francs,

Le n° 16, le terrain peut être réduit de un mètre quatre-vingt-dix sur la largeur, le prix de la villa est porté à cinq mille six cent cinquante francs.

Un employé chargé spécialement de donner de plus amples renseignements, sera à la disposition du public tous les jours. rue Dumont-d-Urville. n° 12, de huit heures à onze heures du matin, d'une heure à sept heures du soir. A Fort-de-l'Eau, on pourra également, s'adresser à MM, Rashoffer, commandant en retraite, et à M. Pérez, entrepreneur.

Nous croyons avoir répondu aux besoins de tous en faisant des villas à bon mar)hé et en permettant aux ouvriers et aux petits employes d'avoir un chez soi et de pouvoir jouir en famille des bienfaits d'un climat réparateur.

G, GUEIROUARD.

Entrepreneur,

Rue Dumont-d'Urville (12)